国家级一流本科专业建设点（洛阳师范学院数学与应用数学专业）和河南省中小学数学学科教育教学研究基地（洛阳师范学院数学科学学院）资助

TONGJIXUE DE FAZHAN YU YINGYONG YANJIU
统计学的发展与应用研究

聂淑媛　谈　发　著

河南大学出版社

·郑州·

内容简介

本书依托学科发展史料和现实生活中的具体案例，引导读者初步了解国内外统计学的起源背景、发展历程和实用价值，同时开阔视野，闲庭信步般接受优秀文化的熏陶，从而提高自身的文化素养和信息素养.本书通过文理交融力求实现科学教育与人文素养的双向培养，不过多追求理论内容的系统性和完整性，致力于知识性、趣味性和思想性的有机统一.

本书可供中学数学教师、大学数学教师、数学工作者和科技工作者使用，也可作为高等院校文理科各专业大学生、高中学生和数学爱好者的阅读读物.

图书在版编目(CIP)数据

统计学的发展与应用研究/聂淑媛,谈发著. --郑州:河南大学出版社,2023.8
ISBN 978-7-5649-5610-3

Ⅰ.①统… Ⅱ.①聂… ②谈… Ⅲ.①统计学-研究 Ⅳ.①C8

中国国家版本馆 CIP 数据核字(2023)第 171784 号

责任编辑	阮林要
责任校对	张雪彩
封面设计	翟淼淼

出版发行	河南大学出版社
	地址:郑州市郑东新区商务外环中华大厦2401号
	邮编:450046
	网址:hupress.henu.edu.cn
排　版	河南金河印务有限公司
印　刷	广东虎彩云印刷有限公司
版　次	2023年8月第1版
印　次	2023年8月第1次印刷
开　本	710 mm×1000 mm　1/16
印　张	9.75
字　数	144 千字
定　价	32.00 元

(本书如有印装质量问题,请与河南大学出版社营销部联系调换.)

前　言

　　任何科学都有一个酝酿诞生、初步形成和发展完善的过程,统计学也不例外.从最初仅限于生产生活的计数和记录需求,到有意识地利用统计数据为统治者提供管理国家的依据,再到构建统计模型进行严格的量化分析、统计推断和合理预测,统计学经历了漫长、曲折、艰难的起步阶段,然后日益发展壮大.随着社会、经济和科技的蓬勃发展,统计技术和统计方法逐渐成为一种科学、实用、便捷的工具,用于解决不同领域的一些具体问题.尤其是21世纪计算机技术、信息技术和数据科学技术的巨大进步,高速推动了统计学理论与方法的创新发展.当前统计学与经济学、管理学、教育学等多个学科相互渗透,在学业质量分析、产品营销策略、消费需求预测、价格走势研判、经济形势剖析等方面应用广泛,为其进行科学决策提供了坚实的数据信息和技术参考.

　　本书主要基于描述统计学的缘起与概率论的铺垫、数理统计学的发端与形成、统计学的初步应用、大数据背景下基于统计模型的经济问题分析四个章节展开,通过深入浅出的论述、图文并茂的表述,不仅讲述统计学的诞生渊源,更注重强调数据分析的思想方法和应用价值,尤其是大数据时代进行统计分析的重要意义.由此深刻理解统计学与人类社会发展之间的密切联系,体会统计学的广泛应用性和科学价值.

　　由于涉及统计学的发展历程,编写中引用了大量的史料图片和相关资料,借此向诸位学者表示衷心感谢.同时,虽然尽量通过参考文献标明资料来源,但恐有遗漏之处,敬请谅解.希望本书能对统计学的研究和应用有所贡献,能激发读者的深度思考.由于作者能力和水平有限,不当之处在所难免,恳请广大读者批评指正.

目 录

第1章 描述统计学的缘起与概率论的铺垫 ································· 1
  1.1 我国统计学的早期萌芽 ··· 1
  1.2 国外的统计学起源 ··· 4
    1.2.1 国势学派 ··· 4
    1.2.2 政治算术学派 ··· 6
  1.3 概率论的形成与发展 ··· 9
    1.3.1 源于赌博的概率萌芽 ··· 9
    1.3.2 概率论学科的诞生 ·· 10
    1.3.3 概率论的发展 ·· 13
  1.4 三种常用的概率分布 ·· 17
    1.4.1 二项分布 ·· 18
    1.4.2 泊松分布 ·· 18
    1.4.3 正态分布 ·· 19
    1.4.4 三大分布的关系 ·· 21
  延伸阅读 我国著名的概率统计学家 ·································· 23

第2章 数理统计学的发端与形成 ·· 27
  2.1 概率论和统计学的结合——凯特勒的重要贡献 ························ 27

2.2 数理统计学的重要工具:回归与相关 ·············· 29
2.2.1 高尔顿首创回归和相关概念 ·············· 29
2.2.2 埃奇沃思对概念的凝练表述 ·············· 31
2.2.3 卡尔·皮尔逊的综合整理和应用 ·············· 32
2.3 常用统计量的诞生历程 ·············· 34
2.3.1 源于"三大计数难题"的基本概念:平均数和众数 ·············· 34
2.3.2 中位数的出现 ·············· 36
2.3.3 方差的问世 ·············· 36
2.4 科学的统计分析方法 ·············· 39
2.4.1 抽样方法简介 ·············· 39
2.4.2 显著性检验的基本思想 ·············· 41

第 3 章 统计学的初步应用 ·············· 43
3.1 生活中的概率统计问题 ·············· 43
3.1.1 生日问题 ·············· 43
3.1.2 抽签的公平性 ·············· 44
3.1.3 交通事故的预测 ·············· 45
3.1.4 车门高度的设计 ·············· 46
3.2 统计学在社会领域的典型应用 ·············· 46
3.2.1 斯诺对霍乱的研究 ·············· 47
3.2.2 文本挖掘分析与文学作品鉴真 ·············· 47
3.2.3 尿布与啤酒的故事 ·············· 48
3.3 教育教学中的统计数据分析 ·············· 49
3.3.1 对班级成绩数据的描述性分析 ·············· 49
3.3.2 绘制丰富多彩的统计图 ·············· 52

3.3.3 对考试情况的其他分析 …… 54
3.4 基于学生学业质量的教育综合评价 …… 55
　3.4.1 计算机技术支撑的统计分析工具 …… 56
　3.4.2 相关统计理论知识简介 …… 59
　3.4.3 变量选取与数据预处理 …… 59
　3.4.4 样本的聚类分析 …… 60
　3.4.5 样本的判别分析 …… 62
3.5 中学数学教师教育教学知识 MPCK 的统计分析 …… 63
　3.5.1 调查研究设计 …… 63
　3.5.2 职前数学教师 MPCK 的实证研究 …… 66
　3.5.3 职后中学数学教师 MPCK 的实证研究 …… 72

延伸阅读　统计学科普读物简评 …… 84

第4章　大数据背景下基于统计模型的经济问题分析 …… 89

4.1 基于季节调整和时间序列模型的房价波动研究 …… 89
　4.1.1 季节调整模型和时间序列模型简介 …… 90
　4.1.2 房价的季节性波动特征分析 …… 93
　4.1.3 对季节调整后的房价序列拟合 AR-GARCH 模型 …… 95
　4.1.4 对模型拟合效果的评价研究 …… 96
　4.1.5 对不同建模方法的比较分析与房价预测 …… 97
4.2 构建联立方程模型分析房价与地价、居民消费的关系 …… 99
　4.2.1 与房价密切关联的变量选取 …… 100
　4.2.2 联立方程模型的架构 …… 101
　4.2.3 变量的描述性统计与预处理 …… 101
　4.2.4 联立方程模型的估计 …… 102

4.2.5　结论与启示 …………………………………………… 106
4.3　基于多元时序模型动态分析房价与居民消费的关系 ………… 106
4.3.1　多元时序模型简介 ……………………………………… 107
4.3.2　房价与居民消费的协整检验 …………………………… 107
4.3.3　多元回归 ARIMAX 模型的创设 ……………………… 109
4.3.4　误差修正模型的拟合 …………………………………… 110
4.4　基于频谱分析的居民消费传导机制研究 …………………… 111
4.4.1　HP 滤波法和频谱分析简介 …………………………… 113
4.4.2　HP 滤波处理与平稳性检验 …………………………… 114
4.4.3　交叉频谱分析 …………………………………………… 115
4.4.4　传导机制剖析与启示 …………………………………… 119
4.5　基于季节调整和 LSTM 组合模型的 GDP 实证研究 ………… 122
4.5.1　研究设计 ………………………………………………… 122
4.5.2　构建 X-12-ARIMA 模型 ……………………………… 123
4.5.3　构建 X-12-ARIMA 和 LSTM 组合模型 ……………… 125
4.5.4　结论与启示 ……………………………………………… 129
4.6　基于异方差模型的猪肉价格波动分析 ……………………… 129
4.6.1　数据来源与变量设置 …………………………………… 130
4.6.2　多变量回归均值模型的创设 …………………………… 131
4.6.3　异方差 GARCH 类模型的拟合 ………………………… 132
4.6.4　对原始价格序列拟合 AR-GARCH 模型 ……………… 134
4.6.5　结论与启示 ……………………………………………… 135

延伸阅读　大数据时代统计学专业人才的培养策略 ……………… 137

参考文献 …………………………………………………………… 143

第1章 描述统计学的缘起与概率论的铺垫

统计学是一门古老的科学,是对数据进行搜索、整理、分析、描述和解释,以推断所测对象本质、预测未来的一门综合性科学,大致可分为描述统计学和数理统计学.其中,描述统计学主要通过图表形式对所收集数据进行展示和加工处理,并借助综合概括、统计分析得到反映客观现象的数量规律特征,它起源于国家社会、政治和经济问题的研究需求.

1.1 我国统计学的早期萌芽

早在原始社会末期,基于生活生存的实践需求,人类通过结绳而治、刻痕记数记录保留数据信息,即是统计的最初萌芽.进入奴隶社会后,统治阶级为掌握国家的人口、牲畜、土地、粮食、税收等基本情况,需要登记数量.记载夏禹时期最详细历史的古代典籍《书经·禹贡篇》,记述了当时中国分为九州的基本情况,内容涉及土地、山脉、河流、物产、道路,甚至各地的部落,被西方经济学家推崇认定为"统计学最早的萌芽".安阳殷墟出土的甲骨文,多次显示"登人"字样,表明商朝已对成年男女进行登记入册.到西周时,已建立了较系统的统计报告制度.但从夏、商到西周,都只是数量上的简单登记,对数据的统计分析最早开始于春秋战国时期.

春秋战国时期著名的军事家、政治家、经济学家管仲(公元前723年—公元前645年)高度重视对数据的统计及应用,他在著作《管子》(图1.1)中写道:"不明于计数而欲举大事,犹无舟楫而经于水,险也."意思是说,为管理好国家,必须充分掌握国情,统计特别关键,不了解国家基本数据情况,犹如没有船只却要走水路,是很危险的.同时,管仲还特别强调:"遍知天下,而不明于机数,不能正天下."这里的"机数"和前文的"计数"都泛指统计,充分说明了统计对国家管理和发展的重要意义.

图 1.1　管仲及所著《管子》

管仲的统计理念还体现在他对统计方法的灵活运用:"乃别制断之,不满卅者谓之术,不满术者谓之里.故百家为里,里十为术,术十为州,州十为都,都十为霸国."意思是说,以人口数量为标准,确定行政区划分:不够州的叫作术,不够术的叫里,一百家称为里,十里称为术,十术称为州,十州称为都,十都称为霸国.这是统计学史上最早的分组思想,该方法至今仍在使用.管仲还基于统计分析制订社会经济问题的解决方案,比如,他通过对老百姓食盐消费量的数据分析,调整了盐税收入,以维持国家财政收入的稳定.

战国时期魏文侯的宰相李悝(公元前 455—公元前 395 年,图 1.2)对农民和土地状况进行了大量调查研究,他通过统计分析计算得到相关结论,提出鼓励农民生产的措施,其著作《尽地力之教》明确指出:"以为地方百里,提封九万顷,除山泽、邑居参分去一,为田六百万亩.治田勤谨则亩益三斗,不勤则损亦如之.地方百里之增减,辄为粟百八十万石矣."也就是说,一百平方里内,有九万顷土地,除山泽和居民住宅占三分之一外,可开田地六万顷.根据农民的勤劳与否,每亩地的产量,或增产三斗,或减产三斗,则一百平方里内,产量增减高达一百八十万石.李悝从实际出发,运用平均数、分组等方法,并利用了分数、倍数等相对指标,有理有据地提出了"行之魏国、国以富强"的重农政策,李悝被誉为经济学大师.

图 1.2　李悝

秦国著名的政治家、改革家、思想家商鞅(公元前390年—公元前338年,图1.3)在所著《商君书》中推出了自己的革新思想:"强国知十三数,……欲强国,不知国十三数,地虽利,民虽众,国愈弱至削."十三数具体是指,竟内仓(1,粮仓)、口(2,金库)之数,壮男(3)、壮女(4)之数,老(5)、弱(6)之数,官(7,官吏)、士(8,士兵)之数,以言说取食者(9,游士)之数,利民(10,商贩)之数,马(11)、牛(12)、刍藁(13,柴草)之数.

图 1.3　商鞅及所著《商君书》

商鞅不仅系统地调查了国家的粮食储备、农业生产资料、自然资源等数据,而且根据人口素质、性别和职业结构等指标进行分组登记人口,把管仲的分组方法进一步细化,从而提出了新的治理国家之道,如重赏重刑等."商鞅变法"使秦国逐渐富裕强大,应该得益于商鞅对国家基本情况的细致统计分析,以及以此为基础倡导的变法策略.

进入公元年之后,我国汉代开启了全国范围内的"人口普查",因为统计对象范围广、数量多、人的主观因素容易导致情况变化很大等,当时制订了各种严谨规范的汉律,以确保普查数据的准确有效,这是人类历史上第一次被学界认可的统计调查.

概言之,作为原始的统计实践活动,其历史至少已有四五千年,从了解国家人口、土地和生产等方面的基本情况,到组织人力对这些数据资料进行搜集、整理,以及利用图表和文字进行描述,是所有统治阶级都特别重视的工作之一.但无论是奴隶制时期,还是各封建制社会,尚未有学者从事统计理论研究.因此,这个阶段没有形成系统的统计理论学说,只能称之为统计学的早期萌芽.

1.2 国外的统计学起源

和中国类似,大约在公元前3世纪,西方国家也有了相应的统计实践,比如,为建造金字塔,古埃及对全国的人口、财产等情况进行了全面普查,罗马二世调查了整个埃及的土地状况等,其中进行了较大规模统计工作的是古希腊学者,后延伸发展到记述学派,也称为国势学派.

1.2.1 国势学派

统计学的英文单词是 statistics,最早源于拉丁文 Statisticum Collegium(国会)、意大利文 Statista(国民或政治家)、德文 Statistik,它与城邦"state"使用同一个词根,所以,统计旨在为政府首脑管理国家提供数据资料,这种用数字表现信息的统计初始活动,已有记载可以上溯到古希腊的亚里士多德(Aristotle,公元前384年—公元前322年),如图1.4所示.在亚里士多德的"国家政务论"中,他一共撰写了 150 多种城邦政情、城邦纪要,内容包括各城邦的历史、行政、艺术、科学、人口、资源财富等基本信息,并对社会和经济状况进行比较分析,是研究国家政务的科学资料.

这种以记述方法为主的城邦政情式统计研究,具有哲学和社会科学的特点,持续了一两千年后,直至 17 世纪和 18 世纪,在欧洲,特别是在德国,受到高度重视和广泛应用,形成了以康令(H. Conring, 1606—1681)和阿亨瓦尔(Gottfried Achenwall,1719—1772)为代表的记述统计学派.

图 1.4　亚里士多德

康令继承发扬了亚里士多德城邦纪要形态的统计思想和方法,并用以研究国家政治、社会和经济状况.城邦纪要后来演变成为"国情纪要",康令将其改名为"国势学",他首次在黑尔姆斯太特大学以"国势学"为题,讲授政治家应关注的主要知识,具体内容包括国家组织、人口、领土、军队、体制、政治结构、财政、经济、风俗、文化、宗教、地理、居民职业等重要事项,由此产生了国势学(Staatenkunde).

1748 年,阿亨瓦尔(图 1.5)在哥廷根大学开始讲授政治统计课,评论欧洲各国家的物产、领土、人口、土地状况,对比分析其国家组织、资源财富和国情实力强弱,致力于国势学的普及与推广,以服务于德国的君主政体.在此基础上,1749 年,阿亨瓦尔完成了其重要著作《欧洲最主要各国新国势学概要》,为了区别于康令的国势学,在拉丁文"Status"(国势)一词转化为"Staatenkunde"(国家比较记述学,即

图 1.5　阿亨瓦尔

国势学)后,在这部著作中,阿亨瓦尔又把形容词"statistiche"(统计的)改为名词"Statistik"(统计学).

阿亨瓦尔首创的这个德文词汇,意指由国家来收集、处理和使用数据,这门对国家资料进行分析、研究国家发展的科学,同时也确定了"统计学"的名称.由于国势学派最初只是偏重于解释事物的性质,而不注重对数量进行对比和计算,因此,随着经济发展,以及定量刻画数据资料的实际需求,根据记述形式的区别,国势学派内部发生了分裂,分化为"文字记述学派"和"图表统计学派".其中,文字记述学派以哥廷根大学的教授们为代表,是国势学派的创建者,属于正统派,主张专用文字记述;图表统计学派后来接受了政治算术学派的计量方法思想,主张用统计表和几何图形共同记述相关信息.尽管两个学派互不承认,也曾发生过激烈冲突,但他们对于"究竟何为统计学"的争论,却为统计学学科奠定了坚实的理论和事件基础.

1.2.2 政治算术学派

政治算术与城邦政情两个阶段之间没有特别明显的分界点,更不存在本质上的差别.相比之下,政治算术学派的特点是把统计方法与数学计算、推理进行了密切结合,综合运用定量分析和比较分析方法,以此来研究社会问题和经济现象.17 世纪产生于英国的政治算术学派,主要代表人物是格朗特(John Graunt,1620—1674)和威廉·配第(William Petty,1623—1687).

(1) 格朗特的"三分法"

出生于伦敦的格朗特(图 1.6)从小受到了良好的英语教育,自学了法文和拉丁文,他以 1604 年伦敦教会每周发表一次的死亡公报为研究对象,1662 年出版了论著《关于死亡公报的自然和政治观察》,这是格朗特一生唯一的著作.在这部只有 80 多页的著作中,格朗特分析了 1604—1661 年

图 1.6 格朗特

各教区每周公布的受洗礼和死亡名单公告,探究了60年来伦敦居民的死亡原因和人口变动态势.

格朗特主要使用的算术工具是三分法:由三个已知数 a、b、c,即可根据比例关系 $a:b=c:d$,求解出第四个未知数 d.与现代分析技术相比,虽然三分法极其简单甚至简陋,但在当时却是一个创新性工具,因为它关注到不同数量间的关系,著名生物统计学家卡尔·皮尔逊(Karl Pearson,1857—1936)曾对三分法赞不绝口.正是利用三分法,格朗特通过大量观察和计算,成功地推证出男女出生率之比总是稳定在14:13左右,并用数据进一步说明,男性更容易在战争、公海和处以死刑中丧命,所以成年男女的数量基本相等;格朗特调查分析了死亡的所有原因,并初步推算了不同年龄段儿童和成人的死亡比率:四五岁以下儿童死亡的比例约占人口总死亡比例的1/3,6岁以下的死亡比例约为1/2,仅有7%的人的死亡属于寿终正寝.在此基础上,格朗特首次提出和计算了目前已知的第一个"生命表",并估计出伦敦16~56岁的成年男性约占总人口的34%,约有7万人可作为战争士兵;格朗特还证明了谋杀不是死亡的主要原因,并首次利用死亡公报中的历史积累数据,批判了当时普遍流传的谬论——瘟疫总是伴随着新王朝的开始.

在格朗特的著作中,还有一些类似的结论.格朗特坦言着魔于研究死亡公报的理由之一是,喜欢从死亡公报——即当前所称谓的"原始数据"中提炼出新结论,其伟大见解在于对死亡公报上数据、隐含信息的挖掘和系统分析,并用数学知识揭示数字之间的关系.这在当时的学术界获得极高的评价,他的研究清楚地表明了统计学可作为国家的管理工具.由国王查理二世举荐,格朗特进入国家最具名望的科学组织——英国皇家学会,并被誉为"统计学之父".

(2)威廉·配第的《政治算术》

威廉·配第早年学习过数学、希腊文和拉丁文,后来又在法国深入学习了数学、天文、航海和医学等,其代表作《政治算术》于1671年写成,但直到1690年,也就是他去世三年后才正式出版,如图1.7所示.在这部著作中,威廉·配第明确指出:"本书不用比较级、最高级进行思辨或议论,而是用数字来表达自己想说的问题,借以考察在自然中有可见的根据的原因."

图 1.7 威廉·配第及所著《政治算术》

威廉·配第使用的数字,根据其来源可分成三类,第一类是原始数据,来源于统计调查和日常观察;第二类是运用数学方法推算得到的数据;第三类是为进行理论推理所采用的例示性数字.需要说明的是,受条件限制,严格的统计调查比较困难,所以第一类数据中源于调查的实证数据少,经验观察数据较多.在第二类数据中,主要使用的推算方法是:以已知数或量为基础,遵循某种具体关系进行推算;或者是以平均数为基数进行推算;或者是基于理论推理进行推证.从数据搜集的角度而言,威廉·配第已经注意到数据资料的科学性、准确性和可得性等特点,融理论研究和实证分析于一体.事实上,针对具体数据,威廉·配第借助重量、尺度等数字概念,首创数量对比分析方法,系统研究了英国、法国和荷兰这三个国家的国情国力.

威廉·配第的《政治算术》中,政治指政治经济学,算术指统计方法,因此,威廉·配第不仅为统计学的形成、发展奠定了方法论基础,而且探讨了政治经济学解决问题的思路.马克思曾在其《资本论》中评价道:威廉·配第既是政治经济学之父,在某种程度上也可以说是统计学的创始人.以格朗特和威廉·配第为主的这一学派后来逐渐发展壮大,主张通过观察和数量分析研究经济问题,开辟了统计学的广阔应用前景,但他们从未使用过"统计学"这个专业术语,因此在统计学史上被称为"无统计学之名、有统计学之实".

伴随着政治算术学派的发展,也随着 18 世纪概率理论的日益成熟,统计学和概率论不断进行结合,逐渐形成了"统计分析科学";到 19 世纪末,欧洲各大学开设的"国情纪要""政治算术"等,逐渐被新的"统计分析科学"课程所取代,尽管研究内容仍是社会经济问题,但理论体系已经较多地融入了概率论的基础知识.

1.3 概率论的形成与发展

概率论关注事情发生的可能性,是研究随机现象数量规律的一个数学分支,其本身的发展历史可以追溯到 15 世纪,在运用数学方法解答机遇游戏疑问时产生,到 17 世纪初具形态,其最初起源就是一个简单的赌博问题.

1.3.1 源于赌博的概率萌芽

15 世纪时,生产力的快速发展,推动了以意大利为中心的文艺复兴运动,促进了欧洲商业贸易的繁荣,同时也掀起了人类历史上最悠久游戏之一"赌博"的热潮.其实,早在公元前 15 世纪,古埃及人就经常聚集在一起掷骰子;到了公元前 12 世纪,已经出现了立方体骰子,6 个面上分别刻有数字,和现代赌博工具相差无几.到文艺复兴时期,赌博之风盛行于欧洲贵族.掷骰子是最常用的一种赌博方式,他们不仅掷一枚骰子,而且开始试行同时投掷两枚骰子,对其点数之和进行赌博.因此,骰子出现各种结果的可能性是赌徒们最关注的事情.

卡尔丹(Girolamo Cardano,1501—1576)是意大利百科全书式的学者、数学家、物理学家和哲学家,如图 1.8 所示,但他更是一名赌徒,几乎每天都去赌博,并且坚信若不是为了赢钱,就没有什么东西能够弥补赌博消耗的时间.于是,他有意识地计算了赌博的胜算可能,比如,对于同时掷出两个骰子,卡尔丹分析指出,点数之和可能出现数字 7 最多.但依据当时的数学基础,显然还无法给出完整的解释.卡尔丹积累了丰富的赌博知识,包括什么时候适宜赌博,如何判断赌博是否公平,如何识别赌博是否存在欺骗等,并把这些研究总结写成了《论赌博游戏》一书.

这本著作成书于 1560 年前后,但直到 1663 年,卡尔丹死后多年才正式出版.赌博这个嗜好使卡尔丹意识到,若能用数字描述事情发生可能性的大小,则赌场获胜的机会将大大增加.抛开赌博的危害性,就卡尔丹由此产生的数学思想而言,

图 1.8　卡尔丹

它促进了概率方法的萌芽和形成.因此,《论赌博游戏》被认为是第一部关于概率论的著作,卡尔丹也被称为古典概率的创始人.

1.3.2　概率论学科的诞生

（1）伽利略基于数学视角研究骰子问题

继卡尔丹之后,意大利著名科学家伽利略(Galileo Galilei, 1564—1642,图 1.9)也讨论了骰子问题,他尤其关注,当掷三枚骰子时,为什么数字 10 和 11 出现的频率比数字 9 和 12 出现的频率大？伽利略通过数个数的原始方法,找到了三枚骰子之和分别为数字 10、11 的所有方式,并最终得出,有 27 种方式产生数字 10,但只有 25 种方式产生数字 9.和卡尔丹相比,伽利略抛开了碰运气的念头,完全依靠数数和比较,虽然他尚未使用随机或概率语言,但他以数学推理研究可能性,强

图 1.9　伽利略

化了随机性问题的理论基础.需要说明的是,伽利略在天文学和物理学方面的成就非常高,他对骰子的研究不太为人注意,他本身对概率学科的关注也不多.

(2) 帕斯卡和费马的著名"通信"

随着时间推移和赌博活动的持续开展,陆续出现了新的赌注问题:两个赌徒 A 和 B 开始赌博,赌注相同.事先约定谁先赢得 5 局即算赢,可获得所有赌注.但在 A 赢了 4 局、B 赢了 3 局时,赌博因故中断,这时应如何分配赌注呢?还有一些类似的赌博可能性大小问题.

很多人热烈地讨论了上述问题,最出色的工作来自法国数学家帕斯卡(Blaise Pascal,1623—1662)和费马(Pierre de Fermat,1601—1665),如图 1.10 和图 1.11 所示.他们一边亲自做赌博实验,一边细致计算赌博中的各种问题,并通过信件交流最终解决了赌注分配问题.

图 1.10　帕斯卡

图 1.11　费马

假定两人再赌一局,那么结果可能是 A 赢,也可能是 B 赢.若 A 赢,则 A 就先赢了 5 局,赌注应全部归 A 所有;若 B 赢,则 A 和 B 各赢 4 局,赌注应均分.由于 A、B 赢的可能性相同,都是 $\frac{1}{2}$,因此,A 应得的赌注是 $\frac{1}{2} \times 1 + \frac{1}{2} \times \frac{1}{2} = \frac{3}{4}$,B 应得的赌注是 $\frac{1}{2} \times 0 + \frac{1}{2} \times \frac{1}{2} = \frac{1}{4}$.也就是说,在赌博中断的情况下,A、B 分

别应该得到全部赌注的$\frac{3}{4}$和$\frac{1}{4}$.

此后,帕斯卡和费马将"赌注分配"问题加以推广,并各自提出了用二项分布、负二项分布解决相关问题,在这个过程中,他们使用了数学期望、组合数学、全概率公式等概念和方法,这些技术均与概率理论密切相关,帕斯卡和费马被公认为是概率论的奠基人,学界通常认定概率论诞生于他们之间的通信交流.

还需要强调的是,费马比帕斯卡大22岁,两人能够认识并保持联系要得益于法国数学家梅森(Marin Mersenne,1588—1648),如图1.12所示. 梅森不是最杰出的学者,但与整个欧洲的科学家都有联系,一批知名学者定期在他的寓所讨论科学问题,堪称当时整个欧洲的学术交流中心,后来被叫作梅森学院,如图1.13所示,它是巴黎皇家科学院的前身.

图1.12 梅森

图1.13 梅森学院

(3) 惠更斯的"标准入门书"

帕斯卡和费马的工作引起了法国数学家的热烈讨论,1655年,访问巴黎的荷兰物理学家、天文学家、数学家惠更斯(Christian Huygens,1629—1695),如图1.14所示,尽管不曾与帕斯卡、费马谋面,但也参与了赌注问题的讨论.惠更斯是介于伽利略与牛顿之间的一位物理学先驱,但在概率论方面,他不仅对帕斯卡和费马演算的诸多问题进行了严格证明,而且自行提出并解决了一些新问题.1657年,他完成了专著《论赌博中的计算》,该书是此后50多年来概率论入门的必读书籍.

图1.14 惠更斯

在概率统计的历史上,这一时期被称为组合概率时期,帕斯卡、费马和惠更斯正是古典概率论的创建者.

1.3.3 概率论的发展

17和18世纪,概率科学史上陆续发现了一系列重要结论:大数定律、正态分布、贝叶斯定理等,这些也是现代概率统计的必备知识,下面按照时间顺序逐一介绍.

(1) 雅各布·伯努利及大数定律

对概率论这一学科作出重要贡献的是瑞士贝努利家族,伯努利家族是历史上最著名的数学家族.其中,雅各布·伯努利(Jakob Bernoulli,1654—1705)是家族第二代数学家,如图1.15所示,他第一个认识到

图1.15 雅各布·伯努利

微积分对概率论的重要性,并长期和微积分的发现者之一莱布尼茨(Gottfried Wilhelm Leibniz,1646—1716,图1.16)保持通信联系.

雅各布·伯努利不仅熟悉并且注解评论了惠更斯的《论赌博中的计算》,同时,他继续分析赌博中的其他问题,给出了赌徒输光问题的具体解法,并把概率论从最初仅限于计算赌博问题推广到社会公平和道德等各个方面.当然,雅各布·伯努利最著名的成果就是以他名字命名的"伯努利大数定律"——当大量重复某一相同试验时,试验结果最后可能会稳定在某一数值附近.

图 1.16　莱布尼茨

大数定律的发现和证明过程极其艰难,雅各布·伯努利通过大量试验首先提出了大数定律的猜想:在轮盘旋转赌博中,赌徒可能盈,也可能亏,但长远看,当旋转次数很多时,则收益趋向于一个可预测的固定值.然后他借助微积分等数学工具,花费毕生精力完成了对猜想的证明.雅各布·伯努利还对大数定律的逆命题特别感兴趣,但没有完成其证明.

直到去世前,雅各布·伯努利才完成了专著《猜度术》,如图 1.17 所示;1713 年,他去世 8 年后,这部著作才由其侄子出版发表.大数定律是概率统计历史上最具标志性的重

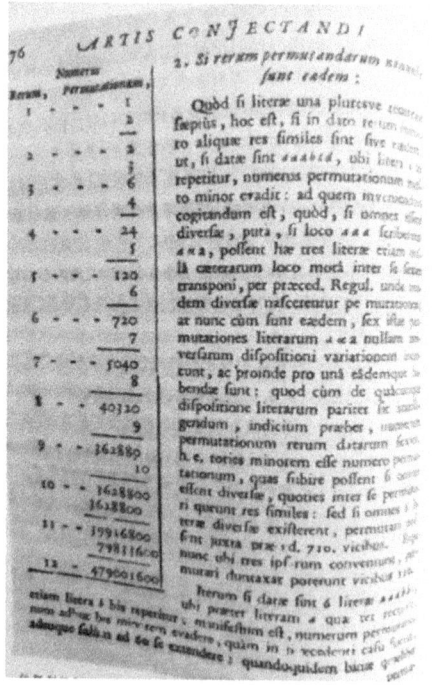

图 1.17　《猜度术》中的一页

大发现之一,雅各布·伯努利及其所著《猜度术》标志着概率论发展史的重要转折.

(2) 棣莫弗及正态分布

法国数学家棣莫弗(Abraham De Moivre,1667—1754)在概率论与数理统计的主要贡献集中在概率论方面,著有《机会的学说》一书,如图1.18和图1.19所示.在该著作的引言中,棣莫弗特别称赞了惠更斯的概率研究,并强调,从本是恶习的赌博现象中,抽象出更本质的数学问题,以推动学科发展,这是一项很重要的工作.

 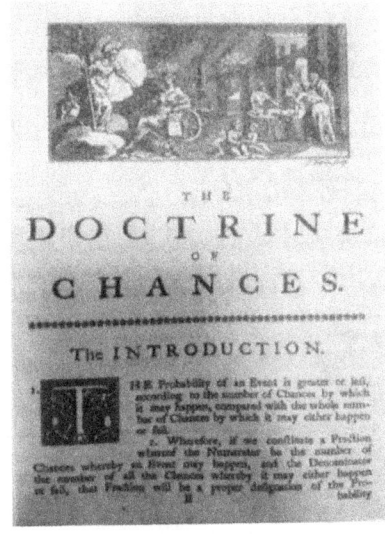

图1.18　棣莫弗　　　　　　图1.19　《机会的学说》第一页

在讨论掷骰子和其他赌博问题的基础上,棣莫弗首次定义了独立事件的乘法定理,给出二项分布公式,并在1733年求二项分布渐近公式时,首次提出了正态分布概念.众所周知,正态曲线是描述随机现象的有力工具,是概率统计中的三大分布之一,由于德国数学家高斯(Gauss,1777—1855,图1.20)率先将正态分布应用于天文学研究,故又称为高斯分布,但其最早却由棣莫弗提出.

棣莫弗在其专著《分析杂论》中最早使用了概率积分,并将概率论应用于保险事业.

图 1.20　德国马克上的高斯

(3) 贝叶斯及贝叶斯定理

英国神学家、数理统计学家和哲学家贝叶斯(Thomas Bayes,1702—1761,图 1.21)在数学方面主要研究概率论,是贝叶斯统计的创立者,是概率论理论的创始人.有意思的是,贝叶斯生前并未发表任何作品,也未留下与学术界的交往记录,其遗作《论机会游戏中的一个问题》由牧师普莱斯(Richard Price,1723—1791)在皇家学会会议上代为宣

图 1.21　贝叶斯

读.普莱斯意识到这篇文章的重要性,于是尽最大努力去宣传贝叶斯的思想,并公开发表了上述文章,但遗憾的是,贝叶斯思想当时并未引起学术界的关注,直到数百年后,人们才注意到贝叶斯关于先验、后验、条件概率的系列概念,并命名了贝叶斯定理,后来还形成了贝叶斯学派.

贝叶斯对统计推理最重要的贡献是使用了"逆概率"这个术语,并把它作为一种普遍性推理方法.贝叶斯的研究还涉及统计决策函数、统计推断、统计估算等,许多专业术语被沿用至今.

随着数学知识和科学技术的突飞猛进,概率论逐渐发展为理论基础更严格、体系更严谨完整的近现代概率论,其中法国物理学家、数学家拉普拉斯(Pierre-Simon Laplace,1749—1827,图 1.22)作出了重大贡献,他明确了古典概率定义,把更强大的数学分析工具引入到概率论中,把棣莫弗大数定律推广到更一般情形,证明了"棣莫弗-拉普拉斯定理",建立了观测误差理论和最小二乘法. 1812 年,拉普拉斯出版了《分析的概率理论》,把概率论推向一个新的发展阶段. 但概率论严格的公理化体系直到 20 世纪才得以真正建立,它是伴随着勒贝格测度、积分理论的完善而形成的. 1933 年,柯尔莫哥洛夫(Andrey Nikolaevich Kolmogorov,1903—1987,图 1.23)在《概率论基础》一书中,首次给出了概率的测度论式定义,以及严密的公理化体系,使概率论成为一个严谨的数学分支.

图 1.22 拉普拉斯

图 1.23 柯尔莫哥洛夫

1.4 三种常用的概率分布

随机变量的分布是概率论研究的主要内容,主要有六种基本分布,分别是两点分布、二项分布、泊松分布、正态分布、均匀分布和指数分布,其中二项分布、泊松分布和正态分布是最常用的三大分布,也是统计学中应用较多的内容.

1.4.1 二项分布

二项分布描述了 n 次独立的伯努利试验,当 $n=1$ 时,二项分布就是两点分布,也称为伯努利概型.它以雅各布·伯努利的名字进行命名,雅各布·伯努利在《猜度术》中给出伯努利大数定律:设一次试验中事件出现即成功的概率为 p,当试验次数足够多,则成功次数所占的比例以概率 1 接近 p.用现代符号可表述随机事件 X 的分布律为

$$P\{X=k\} = p^k(1-p)^{1-k}(k=0,1).$$

二项分布是指 n 次独立试验中,成功次数的概率分布,其中每次试验结果只有两种:成功或失败,且成功的概率为 p.其分布函数为

$$P\{X=k\} = C_n^k p^k(1-p)^{1-k}(k=0,1,2,\cdots,n).$$

其中,C_n^k 是二项式系数,故该分布称为二项分布,变量 X 服从参数为 n 和 p 的二项分布,通常记为 $X \sim B(n,p)$.

由于生产实践中很多现象只产生两种可能的结果,如产品是否合格、种子是否发芽、病人是否发病、治疗是否有效、化验结果的阳性与阴性、路灯的亮与灭等,其分布规律就是二项分布,因此二项分布广泛应用于农业、经济、医学、工业管理等诸多领域.比如,为追求利润的最大化,保险公司需要不断调整保费,就必须对保险业务量、意外死亡率、赔偿费用等实际情况进行统计分析.事实上,根据保险公司的投保客户、每人每年支付的保费、意外死亡率,以及意外死亡后公司的赔偿数额,利用二项分布,则很容易算出公司的利润情形,由此保险公司可结合具体数据修正保费或赔偿费等.再如,生产过程中为保证设备的正常工作,需精心安排维修工人的数量,配备工人太多,会造成资源浪费;配备人数少,则不能及时维修故障,会影响生产效率.类似的例子都可视为二项分布的统计应用.

1.4.2 泊松分布

法国数学家、几何学家和物理学家泊松(Simeon-Denis Poisson,1781—1840,图 1.24)创建了泊松分布这种常见的离散型概率分布.作为拉普拉斯的学生,泊松对行星运动理论、热物理、电磁和位势理论、积分理论都有重要贡

献,同时也是 19 世纪概率统计领域的卓越人物,他改进了概率论的运用方法,推广了"大数定律",导出了泊松积分,现代数学中以其名字进行命名的有泊松变换、泊松定理、泊松分布、泊松过程、泊松积分、泊松级数、泊松公式、泊松方程、泊松求和法等. 其中,泊松分布是 1838 年在《关于判断的概率之研究》一文中具体提出的.

图 1.24　泊松

泊松分布的概率分布是

$$P\{X=k\} = \frac{\lambda^k}{k!}e^{-\lambda}\ (k=0,1,2,\cdots),$$

通常记为 $X \sim P(\lambda)$. 泊松分布是基于二项分布的近似逼近才提出来的,二者的具体关系可参见 1.4.4. 作为二项分布的极限分布,泊松分布主要用来描述单位时间或空间内概率很小的这一类稀有事件的发生次数,如自然灾害发生的次数、产品的缺陷数、机器的故障数、站台上的候车人数、电话交换机接到的呼叫次数、某放射性物质发射的粒子数等,在早期的学界,也曾认为人类行为服从泊松分布. 总之,泊松分布在管理科学、运筹学、自然科学中占有重要地位.

1.4.3　正态分布

如 1.3.3,正态分布最先由棣莫弗提出,是数学、物理、工程等领域都经常使用的一种连续型概率分布,在统计学中也有特别强大的影响力. 利用正态分布可以直接构建卡方分布、t 分布,这两个分布和 F 分布共同被称为统计学三大分布,而这三大分布本身又都和正态分布密切关联.因此,很多统计学家都曾研究和使用过正态分布,如前文所述,高斯在研究测量误差时曾推导出正态分布,并首先把它应用于天文学;凯特勒是标准的"正态分布主义者";拉普拉斯也系统研究了正态分布的性质;高尔顿更是从正态分布出发,最终发现了向平均值的回归现象等.

正态分布的密度函数为

$$p(x)=\frac{1}{\sqrt{2\pi}\sigma}e^{-\frac{(x-\mu)^2}{2\sigma^2}} \quad (-\infty<x<\infty),$$

通常记为 $X\sim N(\mu,\sigma^2)$,两个参数 μ 和 σ 分别是正态分布的期望值和标准差,决定了分布位置和数据离散程度,因此也相应地称为位置参数和尺度参数.正态曲线两头低、中间高、左右对称,呈钟形,如图 1.25 所示,故也被称为钟形曲线.其中,当 $\mu=0$、$\sigma=1$ 时,即为标准正态分布曲线,对应的密度函数简化为

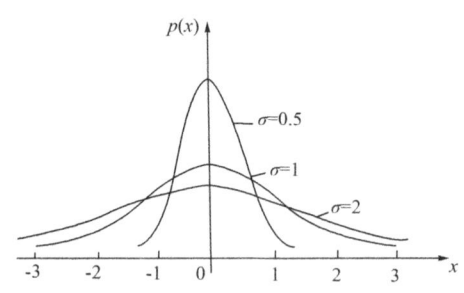

图 1.25 不同 σ 的正态密度曲线

$$p(x)=\frac{1}{\sqrt{2\pi}}e^{-\frac{x^2}{2}}(-\infty<x<\infty).$$

自然界、社会学、医学、心理学、教育学中的大量现象都服从正态形式分布,比如学生的成绩、人体的身高和体重等性征、正常人体的生化指标、同一批种子的重量和大小、测量同一物体的误差、某个地区年降水量等,以及一批产品的抗压强度、口径等指标数量,甚至普通人群的学习能力、实际动手能力、智力水平等,都可以近似地用均值和标准差不同的正态分布进行描述,因此,正态分布有极其广泛的实际应用背景.

特别值得强调的还有正态分布的"3σ"原则,如图 1.26 所示,由于

$$P\{|X-\mu|<\sigma\}=0.6826,$$

$$P\{|X-\mu|<2\sigma\}=0.9544,$$

$P\{|X - \mu| < 3\sigma\} = 0.9973$,

可知，X 落在区间 $(\mu - 3\sigma, \mu + 3\sigma)$ 外的概率小于 0.003，而通常认为，小概率事件指发生概率小于 0.05 的事件. 也就是说，在一次试验中，小概率事件是几乎不可能发生的. 因此，在实际问题中常把上述区间视为随机变量 X 的可能取值范围，

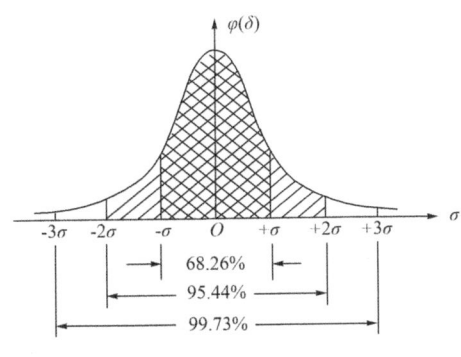

图 1.26　正态曲线的 3σ 示意图

这就是正态分布的"3σ"原则，也正是假设检验的基本思想. 所以，在理论研究和实践应用中，正态分布都居于相当重要的地位.

1.4.4　三大分布的关系

（1）二项分布的泊松逼近

当试验的次数 n 趋于无穷大，p 足够小，乘积 np 相对固定、大小适中时，二项分布 $B(n,p)$ 收敛于参数 $\lambda = np$ 泊松分布 $P(\lambda)$. 事实上，泊松正是在研究二项概率分布的渐进表达式时才创建了泊松分布. 但在统计学史上，棣莫弗、拉普拉斯都曾研究和给出过实质上二项分布的泊松逼近，只是他们的表述尚不够明确清晰，所以通常认为是泊松首次定义了现行的泊松分布.

（2）二项分布的正态近似

概率论中有著名的棣莫弗－拉普拉斯定理：

设随机变量 $X \sim B(n,p)$，则对任意 x，有

$$\lim_{n \to \infty}\left\{\frac{X_n - np}{\sqrt{np(1-p)}} \leq x\right\} = \int_{-\infty}^{x} \frac{1}{\sqrt{2\pi}} e^{-\frac{t^2}{2}} dt.$$

根据该定理，结合实际应用经验可知，当 n 充分大，p 不特别接近于 0 和 1、最好是位于区间 $(0.1, 0.9)$ 时，则正态分布可作为二项分布的良好近似.

（3）泊松分布和正态分布的近似逼近

既然泊松分布和正态分布都可作为二项分布的极限分布，显然，二者之间也存在一定的近似关系. 事实上，根据概率统计的下述定理：

对任意 $a < b$,有

$$\lim_{\lambda \to \infty} \sum_{\alpha < k < \beta} \frac{\lambda^k}{k!} e^{-\lambda} = \frac{1}{\sqrt{2\pi}} \int_a^b e^{-\frac{t^2}{2}} dt.$$

其中,$a = \frac{\alpha - \lambda}{\sqrt{\lambda}}$,$b = \frac{\beta - \lambda}{\sqrt{\lambda}}$。由此可知,当 λ 充分大时,泊松分布近似逼近于正态分布.

三大分布不仅常用,而且交叉融合. 实际上,正态分布的使用频率最高,它不仅可用于构造新分布,而且当满足一定条件时,卡方分布和 t 分布都近似逼近于正态分布.

随着概率论学科、正态分布、最小二乘法等理论的不断发展,古典概率论的原理和思想逐渐被引入统计学,统计分析技术开始广泛应用于社会科学、自然科学和工程技术等领域,成为可运用到任何科学研究的一般性方法,从而开启了数理统计学的新篇章.

延伸阅读　我国著名的概率统计学家

在概率统计漫长的发展历程中,涌现了许多著名的概率统计学家,他们独特的专业思想和丰硕的研究成果,有力地推动了学科的发展、进步和繁荣.下面简要介绍我国两位著名的概率统计专家,以便于领略其聪颖的智慧,学习其拼搏进取的意志.

1　许宝騄

许宝騄(1910—1970,图 1),浙江省杭州市人,天资聪颖、体质较弱,幼时曾攻读四书、五经、历史、古典文学等,文学修养深厚.1928 年,许宝騄考入燕京大学化学系,由于对数学的浓厚兴趣,1930 年,许宝騄考入清华大学数学系,和华罗庚是同学,成为熊庆来、杨武之等老师的学生.1933 年,许宝騄大学毕业后被录取为赴英

图 1　许宝騄

公费留学生,由于身体原因未能成行.1934 年起,许宝騄开始在北京大学数学系任教,1935 年发表了分析方向的两篇论文.1936 年,许宝騄进入伦敦大学学院的高尔顿实验室和统计系,攻读数理统计方向的博士学位.1938 年,许宝騄发表了 3 篇学术论文,成绩优异、研究工作突出,顺利获得哲学博士学位,经系主任奈曼推荐任伦敦大学讲师.1940 年,许宝騄又获得了理学博士学位,同年回国受聘为北京大学教授,到昆明的西南联合大学任教;后来又曾到美国加州

大学伯克利分校、哥伦比亚大学等访问,并在国外任教一段时间.自1947年后,许宝騄一直担任北京大学教授.

1938年,许宝騄发表的第一篇数理统计论文《Student t 分布理论用于两样本问题》,创建了至今仍被认为是解决检验问题最实用的"许方法";随后发表的行列式方程根的分布、广义方差分析等文章是多元统计分析和奈曼-皮尔逊假设检验理论的奠基性研究,是数理统计学科的重要文献.许宝騄在概率统计领域的研究成果非常丰富,涉及假设检验、参数估计、线性回归分析、方差分析、多元分析、矩阵理论、试验设计等,在多元统计分析、统计推断方面发表了系列论文,推进了矩阵论在数理统计学中的应用;对方差的最优估计研究是后续众多学者研究的起点;揭示了线性假设似然比检验的第一个优良性质等.许宝騄最突出的成就是对极限定理和大数定律的深入研究,他推证了样本方差分布的渐进展开、中心极限定理中误差大小的阶的精确估计等.在大数定律方面,他不仅加强了古典强大数定律的结论,而且所提出的"完全收敛性"概念开辟了概率论极限理论研究的新局面.

许宝騄在人才培养方面也成就非凡,1956年,北京大学成立了我国第一个概率统计教研室,许宝騄任教研室主任;到20世纪60年代,他的身体已经非常虚弱,但仍领导着平稳过程、马氏过程和数理统计这三个讨论班,帮助青年人搞科研.世界知名概率学家钟开莱、著名数学家王寿仁和徐利治,以及世界杰出的统计学家和计量经济学家安德森(Theodore Wilbur Anderson,1918—2016)等都是许宝騄的学生.

1948年,许宝騄当选为"中研院"院士,1955年当选为中国科学院学部委员.1979年,美国《数理统计学年鉴》详细介绍了许宝騄的生平,高度评价了他的学术贡献.1983年,德国施普林格出版社出版了《许宝騄全集》.《中国大百科全书·数学》称许宝騄是中国早期从事概率论与数理统计学研究并达到世界先进水平的杰出学者.许宝騄无愧于我国概率论和数理统计的开拓者和先驱,他的精神值得我们永远学习.

2 陈希孺

陈希孺(1934—2005,图 2),湖南省望城区人.1952 年,陈希孺考入湖南大学数学系;1953 年,转到武汉大学数学系;1956 年,毕业分配到中国科学院数学研究所工作;1957—1958 年,在波兰科学院进修,师从著名统计学家菲兹;1960 年,到刚成立的中国科学技术大学任教,先后担任讲师、副教授、教授、博士生导师;1986 年,调入中国科学院研究生院.

图 2 陈希孺

陈希孺一生致力于数理统计学研究,发表了 130 多篇论文,出版了《概率论与数理统计》《数理统计引论》《高等数理统计学》《非参数统计教程》《数理统计学简史》《统计学漫话》等 20 余部专著、教科书和统计科普读物,研究领域遍布线性模型、U 统计量、参数估计与非参数密度、回归估计和判别等数理统计学若干分支.陈希孺是我国线性回归大样本理论的开拓者,在最小一乘、二乘和 M 估计相合性、渐近正态性、线性表示和误差方差估计等问题研究中获得本质进展,在参数统计、非参数统计领域都做出了具有国际影响力的工作,研究成果曾获得国家自然科学奖三等奖、中国科学院科技成果一等奖和二等奖、中国科学院自然科学奖一等奖和二等奖等奖项.

1980 年,陈希孺参与创建中国概率统计学会,并被推选为第一届理事长;1985 年,加入国际统计学会;1986 年,担任中国科学院教授;1986—1988 年,访问美国匹兹堡大学;1997 年,当选为中国科学院院士.作为国际著名数理统计学家,陈希孺不仅是中国现场统计研究会理事长、中国统计学会副理事长,还是国际统计学会的会员、国际数理统计学会的会士.

陈希孺也高度重视教育事业,特别关注薄弱学科的发展,在中国科学技术大学开创了概率统计专业,并建设了博士点.20 世纪 80 年代后,他曾先后在武汉、开封、广州、郑州等地开办统计讲习班,引进和推广最新研究成果,培养一批科研人员.1981 年,陈希孺担任"文革"后的首批博士生导师,在中国自行培养的首批 18 名博士中,有 3 名都是陈希孺亲自指导的,他们分别是中国科学技术大学的赵林城教授、苏淳教授,以及第三世界科学院院士白志东教授.新华网评价道:陈希孺带领国内统计学界学者做出了许多具有国际影响的重要工作,为中国培养数理统计学人才作出了不可磨灭的贡献.

第 2 章 数理统计学的发端与形成

作为统计学的分支学科,数理统计学是伴随着概率论的发展而发展起来的.它以概率论为理论基础,对受随机因素影响的各类不确定性现象进行大量观察或试验,通过科学有效的方法获取样本、提取信息,进而推断随机现象的统计规律.

2.1 概率论和统计学的结合——凯特勒的重要贡献

由于历史原因,产生和形成于 16—18 世纪的概率论最初与统计学并无太多关联,统计学也很少引用概率论的思想方法.将概率论和统计学有机结合的正是比利时的统计学家凯特勒(Lambert Adolphe Jacques Quetelet,1796—1874,图 2.1),因此,凯特勒有"近代统计学之父"的称号,被誉为数理统计学的奠基人.

1819 年,凯特勒大学毕业后从事数学教学工作.1823 年,在巴黎学习期间,凯特勒认识了拉普拉斯、泊松等概率论专家,系统学习了扎实的概率理论.1827 年,在伦敦学习时,凯特勒又密切接触到政治算术学派,学习了其经济统计和人口统计的思想方法.1828 年,凯特勒开始在布鲁塞

图 2.1 凯特勒

尔大学任教,主要讲授天文学、测量学和统计学等;在此期间,他陆续编著了《比利时综合统计手册》《概率计算入门》等书籍,并参与了荷兰的人口调查,德国、意大利、瑞士等国家的地磁测量研究,人寿保险业务的实际统计问题等,对统计学研究的兴趣日益浓厚.1831年,凯特勒参与了创建比利时统计总局的工作,并开始从事人口、犯罪问题的统计学研究.

正是在这个研究过程中,凯特勒搜集整理了英国、法国等多个国家的历史数据资料,对人类自杀、犯罪事件、人口数量、婚姻状况、神经病患者等统计数据进行实证分析,结果发现,从个体来说具有偶然性、从整体来说表面看起来杂乱无章的社会现象和自然现象类似,也具有一定的规律性.而且难能可贵的是,凯特勒指出,在需要研究的各类现象中,对于人们习惯依赖的经验,概率论将以最具科学性的知识取而代之.因此,要挖掘社会现象的规律,就必须运用概率计算理论.

在这种思想和理念的指导下,凯特勒以自己所著的《概率计算入门》一书为理论基础,分析了凶杀案件、犯罪形式、行凶方法等犯罪数字中隐含的规律,还进一步挖掘了人口、婚姻等社会现象背后的规律性.凯特勒利用犯罪统计呈现的规律,为司法机构的经费预算提供决策.他还借助具体的数据资料推断得出,犯罪和贫穷之间不存在必然联系.另外,凯特勒还搜集了体重、身高、胸围等人体数据,并分析指出,这些生理测量指标都围绕一个平均值进行波动,符合概率论中的正态分布.凯特勒运用这个正态分布规律,检查出国家新征兵的身高曲线不正常,从而调查出征兵机关的作弊问题.同时,凯特勒还运用概率论方法研究了社会道德现象,提出了著名的"平均人"概念,马克思在其《资本论》中曾引用了"平均人"的思想.凯特勒首次在社会科学范畴内创建了大数律思想,并把统计学理论建立在大数律的基础上.

凯特勒一生著作颇丰,关于统计学方面的著作即高达60余部,影响最大的是出版于1846年的《关于应用于道德科学、政治科学的概率论的书简》一书.凯特勒利用概率理论和统计技术的真正结合解决问题,应用社会统计规律为政府首脑提供决策建议,这些实际做法促成了数理统计学的形成和发展,对后世统计学家有深刻影响.

随着科学革命和概率理论的发展,统计学理论也在不断发展,并且其技术方法日益渗透到自然科学、经济学、医学、金融保险等领域.数理统计学最重要的两个基本工具就是回归和相关,其次是平均数、众数、中位数、方差等常用的关键性统计量.下面首先梳理相关概念的来龙去脉,并由此凝练统计学解决实际问题的基本方法.

2.2 数理统计学的重要工具:回归与相关

19 世纪,世界各地陆续成立了统计学会,早期比较著名的有 1835 年成立的伦敦统计学会,1851 年在伦敦成立的第一个国际统计组织——国际统计协会.同时,各地也成立了相应的统计学会等.随着统计学会的成立,逐渐形成了政治统计、人口统计、社会统计、生物统计、经济统计、道德统计等诸多方向和学派,其中,生物统计学派的研究催生了回归与相关的基本概念.

2.2.1 高尔顿首创回归和相关概念

高尔顿(Francis Galton,1822—1911,图 2.2)是一位百科全书式的学者,一生出版著作 15 本,发表学术论文 200 多篇,涉猎范围包括地理、天文、气象、社会学、统计学、遗传学、优生学、人类学、民族学、教育学、医学、生理学、心理学、宗教等方面,但他最为人熟知的是其关于优生学的研究.

图 2.2　高尔顿

高尔顿和达尔文是表兄弟,1859 年,达尔文发表了《物种起源》后,高尔顿作为达尔文学说的信奉者,开始从事遗传学研究;高尔顿第一个注意到"先天和后天"的关系,创造了"优生学"这个术语,并在伦敦大学设立优生学讲座,在国际范围内传播优生学思想.在人类遗传学研究中,无论是人类测量,还是研究实验心理学和遗传优生问题,高尔顿都充分依赖于数据分析.把统计学方法引入到生物学、社会学领域,可谓高尔顿的重要科学贡献.也正是在这样一个研究过程中,高尔顿率先提出了相关性和回归分析的概念,被誉为现代回归和相关概念的创始人.

1875年,高尔顿利用豌豆试验探究遗传规律,他精心挑选了7组不同大小的豌豆,并请求不同地区的朋友分别种植其中一组的10粒种子,以比较原始豌豆种子与新长豌豆种子的尺寸,研究父代和子代的大小关系.结果就是大家现在所熟知的,尺寸小的豌豆会得到更大的子代,尺寸大的豌豆会得到较小的子代,高尔顿称之为"返祖"现象,后来引入专业术语"向平均回归".

在研究豌豆试验的过程中,高尔顿得到了大量数据,转而开始研究人类家庭父母和子代可度量特征的回归关系.高尔顿搜集了1078对父亲及其儿子的身高数据,研究发现,数据散点图大致呈直线状态,儿子身高 y 与父亲身高 x 近乎满足线性关系式:

$$y = 33.73 + 0.516x \text{（单位:英寸）}.$$

把单位换算成米后,即得

$$y = 0.8567 + 0.516x \text{（单位:米）}.$$

由此,高尔顿不仅界定了相关系数的概念,讨论了父母和子代身高的相关关系,利用父母身高预测其子女身高,而且进一步凝练了回归效应:矮个子父母所生的儿子,他的身高比自己父亲要高;身材较高的父母所生子女的身高,却回到多数人的平均身高.也就是说,当父母身高走向极端,子女的身高却不会更极端化,反而更接近于平均数.高尔顿等生物学家对该结论的一般解释是:大自然具有一种天然的约束力,使人类身高的分布相对稳定,而不至于产生两极分化,这就是回归效应.

经过卡尔·皮尔逊等学者的后续发扬,高尔顿的生物统计学思想逐渐流传开来,并在英国形成了一个颇具影响力的生物统计学派.1901年,高尔顿和卡尔·皮尔逊等共同创办了著名的《生物统计》杂志,树立了生物统计学派的一面旗帜.尽管对高尔顿"优生学"的科学评价尚存争议,但他研究遗传问题时创新性提出的回归和相关概念,及其开辟的生物统计研究,为现代统计学的发展作出了重大贡献.

2.2.2 埃奇沃思对概念的凝练表述

1889 年,高尔顿出版的著作《自然遗传》中,总结了其上述研究成果,但他拙于数学表达,对许多创新思想方法的表述比较含糊不清,所以,学术界最初对高尔顿的工作反应平淡.首先听懂或者说唯一理解高尔顿思想的是埃奇沃思(Francis Ysidro Edgeworth,1845—1926,图 2.3).

埃奇沃思少时即对数学和古典文学很感兴趣,其统计思想较多地受到凯特勒和高尔顿的影响,这一点明显反映在他1877 年出版的著作《伦理学的新旧方法》

图 2.3 埃奇沃思

中.现代统计学领域有以埃奇沃思命名的埃奇沃思展开式,但他对统计科学的主要贡献是运用概率论研究社会经济问题,统计史上称他为"描述学派",或者是旧数理学派中经济学派的创始人.1883 年,埃奇沃思在论文中就预示出后来的 t 分布;1884 年,继拉普拉斯之后,埃奇沃思研究并出版了《机遇的科学》,从哲学高度论述了机遇概率问题;1885 年,他发表了关于出生率、死亡率和结婚率变化的统计论文,出版了《统计方法》一书,提出统计学就是"平均数科学"等思想;1900 年,埃奇沃思发表《论统计描述应用数学公式》一文,既涉及纯理论研究,也谈到各种统计方法的应用.埃奇沃思还是著名的古典经济学家,对"无差异曲线"和"契约曲线"等概念有独到的见解和认知.

特别值得说明的是,作为高尔顿的忠实追随者,埃奇沃思从高尔顿迷雾般的表述中看清楚了事情的本质,并思索了如何用数学语言描述回归概念.1892年,埃奇沃思发表了《相关的平均值》一文,他从高尔顿基于生物豌豆和人类身高的具体研究工作中,提炼出一个与遗传无关、超脱变量实际含义、具有纯数学意义的回归定义,从而为回归方法的推广应用创造了新的机会,因此,他也被列为回归分析领域的奠基人.

埃奇沃思还给出了当前仍在使用的样本相关系数公式,但他的成就最初也不太为后人所重视,究其原因,埃奇沃思的数学符号笨重烦琐、不易理解,所以,很多成果都曾被归功于擅长数学表达的卡尔·皮尔逊.

2.2.3 卡尔·皮尔逊的综合整理和应用

作为高尔顿的学生,卡尔·皮尔逊(Karl Pearson,1857—1936,图 2.4)对高尔顿的"相关"概念非常入迷,认为相关关系是比因果关系更广泛的范畴,于是开始进军生物统计学领域.卡尔·皮尔逊在伦敦大学学院主持了"高尔顿实验室"许多年,他结合自己讲授的统计课程,对来自生物学、物理学和社会科学的统计资料进行综合性处理,讨论了概率理论和系列概念,并用掷硬币、抽纸牌、观察自然现象等

图 2.4 卡尔·皮尔逊

方法进行证明.卡尔·皮尔逊明确指出,生物现象不能离开定量研究,他不断运用统计方法研究生物学、遗传学和优生学问题,然后又把生物统计方法提炼总结,使之成为处理统计数据资料的一般性通用方法,发展了统计方法论,使概率论与统计学彻底融为一体.

在这样的研究背景下,卡尔·皮尔逊系统整理了高尔顿、埃奇沃思等学者关于回归和相关的已有研究,把零散的、表达模糊的结果进行系统综合,推广了相关结论和方法,并推导和引入一些新概念.比如,为解决高尔顿关于器官选择的问题,卡尔·皮尔逊意识到要测定复相关系数值,通过广泛搜集变量平均数、相关系数等数据,他提出了净相关、复相关、总相关、相关比等概念,首创了计算复相关系数和净相关系数的方法及公式.卡尔·皮尔逊建立了后来所称的极大似然法,定义了现在使用的"皮尔逊相关系数",打破了唯正态分布的

思想,提出了著名的卡方检验.因此,卡尔·皮尔逊被誉为现代统计科学的创立者.

概述之,埃奇沃思、卡尔·皮尔逊和高尔顿共同深入探讨了样本相关系数,创造了相关面和回归折线用于定量推断优生学问题,虽然他们的最终目标是证实和量化遗传进化律,但首先创造和使用回归与相关技术的这些生物学家很早已经开始研究统计横截面数据,并逐步运用相关面检验同一个体两个器官之间的相关性.他们还特别关注同一个器官遗传后的相关关系,推断得出子代身高与父母平均身高的关系等.尤其值得注意的是,正是在对生物统计的研究中,回归和相关技术得以发现、发展和推广应用,也逐步奠定了数理统计学的坚实基础.

这里还想延伸拓展说明一点,卡尔·皮尔逊一方面继承和发扬了自己老师高尔顿关于回归和相关的思想,同时,也通过"高尔顿实验室"培养了一批优秀学生,包括发现 t 分布的哥色特(William Sealy Gosset,1876—1937,图 2.5),假设检验、置信区间理论的奠基人奈曼(Jerzy Neyman,1894—1981,图 2.6)和爱根·皮尔逊(Egon Sharpe Pearson,1895—1980,图 2.7)(注:爱根·皮尔逊是

图 2.5 哥色特

图 2.6 奈曼

卡尔·皮尔逊的儿子),以及对回归分析后续发展作出重大贡献的尤尔(George Udny Yule,1871—1951,图2.8).尤尔把回归概念扩展到"自回归",从而开辟了时间序列分析学科这个统计学的新分支.统计学上这种师生传承的精神和价值意义非凡,值得现今的人才培养学习和借鉴.

图2.7 爱根·皮尔逊

图2.8 尤尔

2.3 常用统计量的诞生历程

平均数、众数、中位数、方差、标准差等概念是度量数据波动态势和变异程度的常用统计量,数学课程标准明确指出,中学生不仅要掌握整理分析数据的步骤和方法,而且要理解相关概念的统计思想.一些统计学的科普书籍以通俗易懂、幽默风趣的语言讲解了概念含义,有助于非统计专业人士开发统计兴趣,提升统计素养.但整体来看,对这些概念思想发展历程的研究相对较少,下面基于统计学史的视角,分析概念的来龙去脉和诞生渊源,以期深刻理解概念的本质属性.

2.3.1 源于"三大计数难题"的基本概念:平均数和众数

数学史上曾有"三大计数难题":

第一个：奥林匹克运动会发源于 2000 多年前的古希腊，但历史未曾记载第一届奥运会的举办时间，那么，这个举办时间应该如何估计？

第二个：公元前古印度某部落的一个首领，在秋收季节见到了一棵枝叶茂盛、硕果累累的大树，他应该如何快速估计果实的数量？

第三个：在古希腊的一场战争中，其中一方出现了粮食短缺、援助无望的状况，于是计划冒险突围、攻占城池，在弓箭手防备森严不可能靠近城墙的情况下，如何估计城墙高度，从而确定攻城梯子的长度？

当前看来，这已经算不上什么难题了．但是，在数学知识浅薄、计算工具简陋的古代，他们也利用巧妙的思维和智慧解决了上述问题．对于难题一，希腊哲学家和数学家、诡辩学派晚期的代表人物希皮亚斯（Hippias of Elis，公元前 400 年前后）统计了历任国王的统治时间，通过求其平均数，估计了第一届奥运会的举行时间．对于难题二，首领首先数了果树上某一树枝的果实数量，然后乘以整棵树中树枝的个数，就估计出整棵大树的果实数目．对于难题三，将军挑选出多名视力较好的士兵，每个人远距离目测估算城砖的层数，然后利用次数出现最多的层数，再乘以砖的厚度，就大致估计了城墙高度．

抛开估计结果，值得强调的是，在解决上述貌似计数问题的过程中，实则已经出现了统计思想的萌芽，诞生了当今仍在使用的统计基本概念．比如，问题一和问题二，都是求"平均数"，这应该是历史上最早使用的"平均数"概念．特别是问题二，其实还涉及"抽样"方法，据说该首领的估算结果非常准确，说明选取的树枝极具代表性，也就是说抽样方法科学、样本有效，从而再借助平均数这个统计量，即可得到理想的估计结果．在问题三中，没有再次使用平均数，而是选取次数最多的数，其实就是"众数"，这显然是个大智慧．"众数"可以忽略个别极其离谱的估计数字，而如果是计算平均值，这个离谱的数字可能会大大降低或高估城墙高度，前者极易造成攻城失败，后者则是宝贵人力物力的浪费．

当然，平均数作为一种计算方法，后来在天文学观测、物理测量等领域得以进一步发展使用．

2.3.2 中位数的出现

根据史料记载,中位数是英国数学家、航海学家赖特(Edward Wright,1561—1615)最先使用的. 1589 年,赖特在远征探险时,为确定航海中轮船的位置,他需要利用指南针观察数据,并尽可能保证数据的准确性. 为此,赖特把所有观察数据列成表格,并明确指出,位于最中间位置的数据是最可能接近真实值的,这就是中位数的来历. 1599 年,赖特在其著作《航海中的失误》中具体描述了中位数的概念和诞生方法.

从统计学上来说,中位数几乎是为替代平均数才出现的,高尔顿率先使用了中位数的术语,但由于其研究对象大多呈现对称性,故中位数和平均数几乎是完全一致的;埃奇沃思发现了平均数对极端值的高度敏感性,在经济研究中通常使用中位数,而不是平均数;到后来,统计学家费歇尔(Ronald Aylmer Fisher,1890—1962)利用中位数描述社会现象和心理现象等.

2.3.3 方差的问世

统计学史已明确界定,"方差"这个概念的创建者正是费歇尔,如图 2.9 所示. 1918 年,费歇尔在《孟德尔遗传假定下的亲属间的相关性》一文中首次使用了 variance(方差)一词,其研究背景正是生物统计.

(1) 费歇尔学术研究简介

费歇尔出生于英国伦敦一个殷实的商人家庭,少时生活顺遂. 他天资聪颖,对数学兴趣浓厚,19 岁考入剑桥大学数学系,在剑桥读书期间,费歇尔学习了卡尔·皮尔逊的《数学用于进化论》,接触到

图 2.9 费歇尔

孟德尔遗传学,由此开始研究生物学、演化论和统计学. 费歇尔还把社会学人口问题与生物计量相联系,从而关注到当时颇为流行的优生学思想. 1912 年,

费歇尔从剑桥大学毕业,获数学学位.1914年,第一次世界大战爆发,和众多热血青年一样,费歇尔本打算弃笔从戎,但由于视力问题未能如愿,继而开始了长达5年的中学教师生涯,主讲数学和物理.需要强调的是,作为中学教师,费歇尔并未放弃对遗传学和统计学的研究,他不仅坚持为知名期刊《优生学评论》撰写复审论文,而且自己也陆续发表了一些相关的生物统计论文,其中包括首次界定方差概念的上述文献.

出于对农业的热爱,1919年,费歇尔进入到罗瑟姆斯特实验农场工作,在农场工作的这十几年,是费歇尔学术生涯的黄金时期,他不仅根据农业实验的需要创建了完整的试验设计方法,如在统计界始终被津津乐道的女士品茶试验,而且发表了经典代表作《研究工作者用的统计学方法》,其中包括当前仍广泛使用的"方差分析法".费歇尔在以极大似然估计为中心的点估计、相关系数分布、分布、区间估计等诸多现代统计理论方面都有突出贡献,1929年费歇尔当选皇家学会会员,1952年被授予爵士称号.作为20世纪成就最大、影响最大的统计学家,费歇尔可谓新统计学的代表性人物,美国统计学家约翰逊(P. O. Johnson)把1920年后的时期称之为"费歇尔统计时代".

(2)创建"方差"概念的缘由

在上述文献中,费歇尔开门见山地指出,自己已经做了一些工作去解释与孟德尔遗传相吻合的生物统计现象,为了继续探究服从孟德尔法则、更具一般性总体的生物性质,本研究构建方差的概念,并由此创设方差分析等理论,旨在更深入、更准确地剖析物种的变异原因.费歇尔认为,刻画平均值偏差的统计量严格服从误差的正态分布律,这一点是毋庸置疑的,故物种的变异可借助于均方误差的平方根所对应的标准差进行度量.若变异因素是两个相互独立的统计量,可单独产生相一致的总体分布,且标准差分别是σ_1和σ_2,则两因素综合作用后的分布有标准差$\sqrt{\sigma_1^2+\sigma_2^2}$.因此,利用标准差的平方去度量变异,并基于此概念去分析变异原因是极其可行的,费歇尔引入"方差"这一专业术语定义了该统计量,这是方差一词首次正式出现于生物统计领域,至今仍在使用,故统计史上认定正是费歇尔创建了方差的概念.

费歇尔进一步指出,借助方差概念可挖掘各成分因素占总体方差的比例,一方面有助于清晰地理解涉及"相关"运算的基本思想,同时也较好地回避了此前使用的"因果比例"一词,费歇尔认为这个用语不够严谨,因为它在总体和个体的区别方面是比较模糊的.

(3) 对概念含义的深度解析

通过深入剖析相关系数与方差的关系,费歇尔挖掘了创建方差概念的意义和价值. 对于正态总体,若父代和子代之间的相关系数为 r,则对于任一高度确定的父代而言,其子代组的方差通常是 $1-r^2$. 如当 $r=0.5$ 时,参考父代的高度,我们可解释子代方差的 $\frac{1}{4}$,其余的 $\frac{3}{4}$ 则只能通过其他原因去解释. 若这两对父母是相互独立的,则方差的第二个 $\frac{1}{4}$ 可归因于母体. 通常情况下,父体和母体是正相关的,则必须增加样本数量以获得两对母体的联合分布,因为这种情况下,母体对方差的一些贡献已经被包含在父体之中了. 类似地,每位祖辈对于方差都有独立贡献,但祖辈对方差的贡献,包括父母对方差的贡献,都不可能达到超出整体方差的一半. 为说明方差对亲属间连续变异的解释状况,费歇尔列举了一系列具体实例. 比如,在考虑同一家族兄弟们之间的差异时,由于整个家族是统一的,故兄弟们之间的相似性要远远高于一般人之间的相似性,甚至是从高度比较接近但包含各种人的群体中取出来的那些人. 因此,若兄弟们之间的相关系数是 0.54,我们就可以说,根据家族的差异可单独解释方差的是 54%,剩余的 46% 由其他因素解释.

费歇尔还推证了方差和相关系数所满足的关系式,若相关性由 n 个样本个体 $x_1, x_2, \cdots, x_n$ 和它们的兄弟 $y_1, y_2, \cdots, y_r$ 决定,假设每一对兄弟是来自于无穷家族的两个随机样本,也就是说,由可得到的一对母体的所有子体随机产生. 设每个家族的方差是 V,子体的方差通常是 σ,由于每对兄弟贡献了方差 V,则 $(x-y)^2$ 的平均值是 $2V$. 但把表达式 $(x-y)^2$ 展开为 x^2+y^2-2xy,由于 x^2 和

y^2 的平均值都是 σ^2, 而 xy 的平均值是 $r\sigma^2$, 其中 r 是相关系数, 故 x^2+y^2-2xy 的平均值也可以记作 $\sigma^2+\sigma^2-2r\sigma^2=2\sigma^2(1-r)$. 因此可推得, $2V=2\sigma^2(1-r)$, 即 $\dfrac{V}{\sigma^2}=1-r$. 利用上述关系式, 费歇尔不仅说明了在家族亲属间存在相关关系时, 父代身高对子代身高变异性的解释情况, 而且实证分析了卡尔·皮尔逊、高尔顿等研究文献中的生物遗传问题, 以及尤尔所研究的相关实例.

概言之, 在这篇以生物统计为基础的遗传学论文中, 费歇尔还利用亲属间的相关性, 阐述了一些具有连续性变异性状的遗传特征, 也可以通过孟德尔法则进行解释, 不仅有效解决了遗传学领域孟德尔学派与生物统计学派的论争, 而且从统计学视角深入论证了方差分析的原理和方法, 为后续创设和完善 F 分布的理论奠定了坚实基础.

2.4 科学的统计分析方法

作为应用性基础学科, 数理统计学就是运用统计模型和相关技术处理社会调查、国民经济、政府数据等问题, 通过预先推测和判断, 为行动决策提供可靠性依据和指导性建议. 统计学目前已广泛应用于工农业生产、自然科学、社会学和经济学领域, 其基本思路是: 收集整理数据资料、构建统计模型、进行统计推断和检验、实施预测和决策. 根据这些环节过程, 下面重点概述科学的抽样方案, 以及显著性检验的思想方法.

2.4.1 抽样方法简介

具备了一定的概率统计知识之后, 接下来就是搜集数据进行统计分析了, 需要特别提醒注意的是, 选取调查样本、梳理数据是基础、前提, 直接关系到分析结果的准确性和精确度. 很多人可能还对 1936 年美国总统竞选的预测案例记忆犹新:

美国一家颇有名气的杂志《文摘周刊》, 曾经成功地预测了 5 位总统的选举结果, 这次为预测共和党人兰顿和时任总统罗斯福的竞选结果, 发起了一场民意测验, 调查显示兰顿将在选举中获胜, 实际选举结果却大相径庭, 罗斯福总统继续连任.究其原因,该调查主要对电话本和车辆登记名单上的人员进行了访问,在1936年,拥有电话和汽车的只是少数一部分富人,调查手段的单一性和样本的集中性,导致得到完全错误的结论.由此可见,抽样的科学性至关重要.

作为科学试验、质量检测和社会调查最经济有效的工作手段,抽样调查旨在根据抽取样品的特征了解和掌握全部样品.在统计学上,把待研究的全体对象所组成的集合叫作总体,总体中的每一个元素叫作个体,从总体中抽取的部分个体集合叫作样本.抽样设计需要重点关注:抽样目的、可测性、可行性、经济性.其大致步骤是:界定总体范围、确定抽样方案、实际抽取样本、评估样本质量.抽样最基本的要求是必须保证样本的代表性,因此,应该严格按照规范的方法和要求的比例进行科学抽取.

常用的抽样方法主要包括以下几种。

(1)简单随机抽样

从总体中逐个不放回地抽取部分个体作为样本,且每次抽取时,每个个体被抽到的概率相等,这种抽样方法称为简单随机抽样.它适用于总体个数较少的情形,最简单易行的简单随机抽样方法就是抽签法和随机数法.

(2)系统抽样

当总体个数较多时,通常先把总体分成相对均衡的几个部分,然后根据预定规则,从每一个部分中分别抽取一些个体构成样本,这种抽样方法称为系统抽样.

(3)分层抽样

当总体是由差异显著的几个部分组成时,为保证样本的异质性,可将总体分成互不交叉的多层,然后按照比例分别从每个层中独立抽取一定数量的个体,这种抽样方法称为分层抽样.

(4)整群抽样

整群抽样也称为聚类抽样,是指将总体归并成若干个互不交叉、互不重复的群,然后以群为单位抽取样本.整群抽样的关键是群的划分,一般应遵循"群内异质、群间同质"的原则.

(5) 多段随机抽样

把从调查总体中抽取样本的过程,分成两个或更多个阶段进行,这种抽样方法称为多段随机抽样.

此外,还有判断抽样、定额抽样、滚雪球抽样、图像抽样等方法,可根据样本和总体的特点灵活选取不同的抽样方法.

2.4.2 显著性检验的基本思想

中学阶段已经介绍过独立性检验的思想方法及其应用,我们知道,独立性检验是根据记录次数的数据资料,判断两类因子是相关还是独立的一种假设检验方式. 其基本步骤是:

① 提出原假设 H_0:两类因子没有关系,即相互独立.

② 计算独立性检验 K^2 统计量的值. K^2 越小,表明原假设成立的可能性越大;否则,备择假设 H_1(两类因子有相关关系)成立的可能性越大.

③ 根据独立性检验的临界值表,推证结论及可信度.

独立性检验的指导原理是先假设、再论证假设是否成立,其思路与反证法类似. 事实上,统计学中的假设检验,通常用于识别样本之间、样本和总体之间的差异来源,明确该差异究竟是源于抽样误差还是样本的本质区别. 其基本指导思想是"小概率原理",推断方法正是带有某种概率性质的反证法. 它首先提出检验假设,借助适当的统计方法,根据一次试验中小概率事件基本上不会发生的小概率原理,确定假设是否成立. 也就是说,为了检验原假设 H_0 是否正确,首先假设 H_0 是正确的,然后根据样本和统计量信息进一步对此做出接受或拒绝决策. 如果样本信息导致"小概率事件"发生了,就应拒绝 H_0,否则就接受 H_0.

假设检验中最常用的一种方法就是显著性检验,其指导思想是事先对总体参数或分布形式等特征做出某种假设,然后抽样利用样本信息进行统计推理研究,最终判断总体的真实情况与原假设是否有显著性差异. 在假设检验中经常会犯两类错误:原假设为真时,决定放弃原假设,则犯了第一类错误,也称为"弃真错误";原假设不真时,决定采纳原假设,则犯了第二类错误,也称为"取伪错误". 显著性检验一般只限定弃真错误的最大概率 α,而不考虑取伪错误概率 β,概率 α 也称为显著性水平. 显著性水平 α 通常取为 0.05、0.01 和 0.1 等.

和上述独立性检验的思路类似,显著性检验的一般步骤是:

① 提出原假设 H_0 和备择假设 H_1.

② 构造检验统计量,利用样本数据计算检验统计量的值. 其中,常用的检验统计量由 t 检验、卡方检验、U 检验和方差分析等进行构造.

③ 根据显著性水平 α,确定临界值和拒绝域.

④ 比较检验统计量的样本观察值和临界值,做出检验决策.

在统计学史上,最早的显著性检验技术来自费歇尔关于女士品茶的试验,也堪称最经典的假设检验案例. 20 世纪 20 年代后期,在英国剑桥,一群绅士和夫人们在品茶. 一位女士声称:"在制作牛奶茶时,是把茶加进奶里,还是把奶加进茶里,这两种不同的顺序,会使牛奶茶的味道明显不同."该女士还特别强调自己能鉴别这两种不同的茶,就在其他人满腹质疑时,费歇尔却说,让我们通过试验来检验一下吧. 于是为这位女士奉上一连串事先调制好且顺序被随机打乱的两种牛奶茶,然后记录下她说对的杯数,据说最终结果是这位女士全部都说对了. 但费歇尔却在此基础上,出版了著名的《试验设计》一书,该著作的第 2 章细致描述了"女士品茶"试验,也就是上述显著性检验的思想方法. 目前,显著性检验已成为一种最基本、科学有效的统计推断形式.

至此,我们已经粗浅地概览了统计学的诞生历程,理解了相应的统计原理和思想方法;以此为基础,下面主要介绍统计学在现实生活、教育学、社会学和经济学等方面的实际应用,展现统计学的实用价值,也期望为读者呈现统计研究的基本思路.

第3章 统计学的初步应用

统计学注重理论研究和学术探讨,但更侧重于应用.统计学通常作为一种工具,与社会科学、自然科学、教育科学、人文科学等相关学科依附并存,通过对繁杂的信息去粗存精、去伪存真,从原始数据中提炼出清晰明了的数字,解析现象的本质特征和变化规律,由此做出合理预测和明智的决策.

3.1 生活中的概率统计问题

作为研究随机现象数量规律并进行科学分析的数学分支,概率论与数理统计重点关注事情发生的可能性,初期主要应用于赌博和人口统计问题,随着社会实践中了解各种不确定现象的需求,概率统计方法也日益渗透到自然科学、社会学等不同学科.下面首先列举其在日常生活中的一些有趣应用.

3.1.1 生日问题

问题1:假设某班级有 n 名同学,试计算全年中至少有2个人同一天生日的概率(不考虑闰年的情况,一年为365天).

分析:样本空间总量,即 n 名同学生日的全部可能方案是 365^n,全班同学生日各不相同的分配方案是 $C_{365}^n n!$,因此,至少有2个人同一天生日的概率是

$$P(n) = 1 - \frac{C_{365}^n n!}{365^n}.$$

单纯看这个表达式,可能没有什么特别的想法,但具体计算一下,可得

$$P(30) = 1 - \frac{C_{365}^{30} 30!}{365^{30}} \approx 0.7, P(50) \approx 0.97, P(64) \approx 0.997, P(100) \approx 0.9999996.$$

也就是说,全班 30 个人时,至少有 2 个人同一天过生日的概率大约是 70%. 随着班级人数的增多,这个概率数值快速增加,若班级是 50 人,$P(50)$ 已增至约 97%;对 100 人的班级而言,则几乎是必然至少有 2 个人生日相同. 所以,很多班级都出现过至少两位同学生日相同的现象. 但更有意思的是,有同学说,既然这个概率如此大,怎么就没人和我同一天过生日呢? 下面继续探讨问题 2.

问题 2:假设某班级有 n 名同学(不包括同学 A),试计算至少有一个同学和同学 A 生日相同的概率(不考虑闰年的情况,一年为 365 天).

分析:和问题 1 相比,样本空间总量不变,仍为 365^n,班级所有同学都不和同学 A 同一天生日的分配方案是 364^n,因此,至少有一个同学和同学 A 生日相同的概率是 $P(n) = 1 - \dfrac{364^n}{365^n}$.

再次计算一些具体数值可知,$P(253) \approx 0.5005$,$P(840) \approx 0.9002$. 也就是说,当班级人数达到 254 人时,至少有一位同学和同学 A 生日相同的概率才大于 50%;当班级人数必须高达 800 多人时,至少有一位同学和同学 A 生日相同的概率才大于 90%,这个要求还是挺高的吧. 通过这些分析,大家应该可以理解为什么会出现一个班级里经常有 2 个甚至多个同学同一天过生日,而和自己生日相同的同学却总也找不到的现象了.

利用类似的思路,还可以尝试分析很多随机问题,比如,房间分配、信封和信内容的随机搭配等.

3.1.2 抽签的公平性

在生活中经常需要抽签确定选手出场次序等,很多人往往分不清楚,究竟是先抽还是后抽才能抽到理想的结果,那我们就利用概率分析一下抽签顺序对结果的影响.

假设 n 个签中有 1 个彩签,n 个人依次从中各抽 1 个,且后人不知道前人的抽取结果. 显然第 1 个人抽到的概率是 $\dfrac{1}{n}$,为计算第 2 个人抽到的概率,综合分析前两个人的抽签情况,样本总量为从 n 个签中先后抽取 2 个的排列,即 A_n^2. 第 2 个人抽到彩签,意味着第 1 个人从其余 $n-1$ 个签中随机抽取 1 个,故有 A_{n-1}^1 种抽法,因此,第 2 个人抽到彩签的概率为 $P_2 = \dfrac{A_{n-1}^1}{A_n^2} = \dfrac{1}{n}$. 类似分析可得,第 i 个人抽到彩签的概率为 $P_i = \dfrac{A_{n-1}^{i-1}}{A_n^i} = \dfrac{1}{n}$ ($i=1,2,\cdots,n$). 也就是说,每个人抽到彩签的机会是均等的,抽签的公平性毋庸置疑.

上述生日问题和抽签问题都属于古典概型的计算,利用古典概型,可以清晰直观地显示,令人痴迷的彩票中奖只是一个概率非常小的小概率事件,天花乱坠的广告数据也许只有极低的可信度,这些概率数值会助你时刻保持一份清醒的头脑. 除了古典概型,三大分布在生活中的应用也特别普遍、实用,下面通过具体例子简单说明.

3.1.3 交通事故的预测

问题:在一个繁忙的十字路口,设每辆汽车发生交通事故的概率是 $p=0.0001$,若某时间段内有 1000 辆汽车通过,试计算发生 2 次以上交通事故的概率.

分析:对每辆汽车而言,只有两种结果,发生事故和没有发生事故,且每辆汽车发生事故是独立的,故 1000 辆汽车发生事故的次数 X 服从二项分布,即 $X \sim B(1000, 0.0001)$. 因此,所求问题为

$$P(X \geqslant 2) = \sum_{k=2}^{1000} C_{1000}^k 0.0001^k (1-0.0001)^{1-k},$$

显然应考虑转化为

$$P(X \geqslant 2) = 1 - P(X \leqslant 1) = 1 - \sum_{k=0}^{1} C_{1000}^k 0.0001^k (1-0.0001)^{1-k},$$

由于 $n=1000$ 太大,$p=0.0001$ 太小,计算仍然比较烦琐,此时,$np=0.1$ 大小适中,故可用 $\lambda=0.1$ 的泊松分布近似逼近,查表计算可得

$$P(X \geqslant 2) = 1 - \sum_{k=0}^{1} \dfrac{0.1^k}{k!} e^{-0.1} \approx 0.0047.$$

当今汽车的使用率如此高,交通事故时有发生,利用概率分布,根据交通路口的繁忙程度和道路设计状况等实际信息,可大致确定事故发生率,有利于从整体上进行调控部署.

3.1.4 车门高度的设计

问题:公共汽车作为公共交通工具,要求普通乘客碰到车门顶部的概率不超过 0.01,设男性身高 X(单位:cm)大致服从正态分布 $N(170,36)$,试计算公共汽车的车门高度.

分析:设车门高为 h cm,根据题意,应有
$$P(X \geqslant h) \leqslant 0.01,$$
即
$$P(X<h) \geqslant 0.99.$$
由于 $X \sim N(170,36)$,转化为标准正态分布即
$$P(X<h) = \Phi\left(\frac{h-170}{6}\right),$$
查表计算可得 $h \approx 184$.

正态分布有广泛的应用场景,高效利用这些概率计算数值,可以很好地为生活服务.事实上,在当前的数字化时代,我们时时刻刻都在与概率统计和数据分析打交道,比如,商品的销售量、网络和电视台的收视率、产品的合格率、三孩政策放开后的人口增长态势、大学生的就业状况、中学生的学习成绩和体质监测情况等.如何科学高效地利用和解读相关数据,是一个至关重要的问题.下面以教育领域最常见的学生成绩数据为例,展示统计分析的基本思路和具体流程.

3.2 统计学在社会领域的典型应用

对于社会学范畴一些颇具争议或模糊不清的问题,学界历来重视通过数据分析进行解决,其基本思路就是综合利用模式识别技术、各种统计分析方法和数学工具,对存储在数据仓库和信息库中大量的、模糊的、不完全的、有噪声的、随机的实际应用数据进行有效挖掘,试图在众多数据中寻找并抽取有意义

的、隐含的，或者是以前未知但有潜在价值的信息. 从历史视角进行审视，基于统计数据分析而创造性解决问题的案例极其丰富，下面列举几个经典的实际例子.

3.2.1 斯诺对霍乱的研究

较为现代的霍乱历史被描述为世界性传染病，前两次世界性暴发分别发生于1817—1823年和1826—1837年，最初在印度边界暴发，后来逐渐蔓延到阿拉伯、中国、日本乃至欧洲各地，引起全球的极度恐慌. 但直到1846—1863年第三次世界性暴发，对霍乱的认识和预防才取得突破性进展，其中作出重大贡献的是英国麻醉学家、流行病学家斯诺(John Snow, 1813—1858, 图3.1). 斯诺认真访问了有霍乱患者的家庭，详细登记患者的姓名、年龄、疾病发作时间、卫生条件，以及是

图 3.1 斯诺

否喝过疑似污染水源百老街区的水，并和百老街区的怀特黑德神父(Reverend Henry Whitehead, 1825—1896)对相关信息进行分门别类的整理，对数据表格进行统计分析，最终得到结论：霍乱是通过饮用水进行传播的. 虽然斯诺的研究无法从医学角度解释霍乱的发病机理，但他通过对霍乱暴发时原始累计数据的统计分析，探究了霍乱患者和污染水源的相关性，为控制疫情指明了科学方向. 1866年第四次世界性霍乱暴发时，政府官员和统计学家法尔(William Farr, 1807—1883)正是根据斯诺的研究成果，检查水源并及时阻止被污染池塘的使用，疫情得以迅速结束.

3.2.2 文本挖掘分析与文学作品鉴真

长期以来，红学界普遍认为《红楼梦》前80回是曹雪芹所著，后40回是高鹗续写，这个观点遭到了数学统计和计算机文本分析方面学者的质疑. 1981年，在美国威斯康星大学召开的首届国际《红楼梦》研讨会上，华裔学者陈炳藻

独树一帜,宣读了《从词汇上的统计论〈红楼梦〉作者的问题》一文,确信 120 回均系曹雪芹所作,引起国际红学界的高度关注.陈炳藻将《红楼梦》按顺序分成三组,每组 40 回,从各组中任选 8 万字,首次借助计算机分别统计名词、动词、形容词、副词、虚词五类词汇的出现频率,并对其进行编排、统计、比较和处理,以分析各组的相关程度,结果表明,前 80 回与后 40 回所用词汇的正相关程度高达 78.57%,而作为对比研究的《儿女英雄传》,与《红楼梦》所用词汇的正相关仅为 32.14%.陈炳藻通过对文本的数据挖掘分析推断得出,《红楼梦》作者为曹雪芹一人.

通过分析文章选用词汇的种类,研究字、词的出现频率,计算一定数量语料为基础的平均句长和平均词长,以最终掌握作者的语体风格或文献的基本特征,这种研究被称为计算风格学或文献计量学,在文学作品鉴真和佚名作者考证方面应用广泛,逐渐成为社会科学领域的一门新学科.如为了回应 18 世纪沸沸扬扬的议论——"莎士比亚这个人物确实存在吗?""莎士比亚究竟是不是弗朗西斯·培根?",研究者通过文本挖掘和对比分析,证实了莎士比亚和培根文章的平均词长和单词数目都截然不同.再如,诺贝尔文学奖获得者肖洛霍夫的长篇小说《静静的顿河》曾被怀疑抄袭了哥萨克作家克留柯夫的作品,捷泽等学者通过挖掘两位作者的文章在词类统计、句长和句子结构等方面的数据,最终证实肖洛霍夫是真正的作者.另外,美国统计学家摩斯泰勒和瑕莱斯使用类似的研究方法,考证了署名"联邦主义者"的文章作者是美国第四任总统麦迪逊;更有研究者证实,16 世纪 90 年代的五幕剧《爱德华三世》确系莎士比亚的作品;等等.

3.2.3 尿布与啤酒的故事

在数据分析的历史上,有一个广为流传的经典故事.世界著名零售连锁企业沃尔玛公司拥有世界上最大的数据仓库系统之一,详细记载了各门店的原始交易数据,为准确了解顾客的购买习惯,沃尔玛公司利用 NCR 数据挖掘工具对顾客的购物行为进行购物车分析,结果表明,和尿布一起购买最多的商品竟然是啤酒.当实际调查进一步证明上述结论后,尿布与啤酒的并排摆放,则为沃尔玛公司带来了两产品双双增长的销售量.正是借助于对大量历史数据的挖掘与统计分析,沃尔玛公司才得以探寻到表面上似乎完全不相干的尿布与啤酒之间的关联性.

3.3 教育教学中的统计数据分析

假设某学校七年级有 4 个班,现有各班期末考试后各科目的成绩数据表,为综合评定每个班级的具体情况,需进行成绩分析和比较,下面以 Excel 为工具,介绍对成绩数据的分析过程.

3.3.1 对班级成绩数据的描述性分析

首先对每个班级进行基本的描述性分析,假定考试科目主要包括语文、数学、英语、历史、政治、地理、生物等,选择其中一个科目,比如语文,任意选择一个单元格,输入"=",则在"="这一行的最前端出现一个可下拉菜单,点开即可看到一些常用功能,如图 3.2 所示.通常先求总和,选取菜单中的求和"SUM"选项,弹出如图 3.3 所示的界面,拖动鼠标,选中语文科目下的所有数据,在"数值 1"这一格中显示这列数据的范围,如图 3.4 所示,即直接显示了总和 5231;或者点击图 3.4 中的"确定"按钮,也会在原始表格中"="后面进一步输出求和结果 5231,如图 3.5 所示.

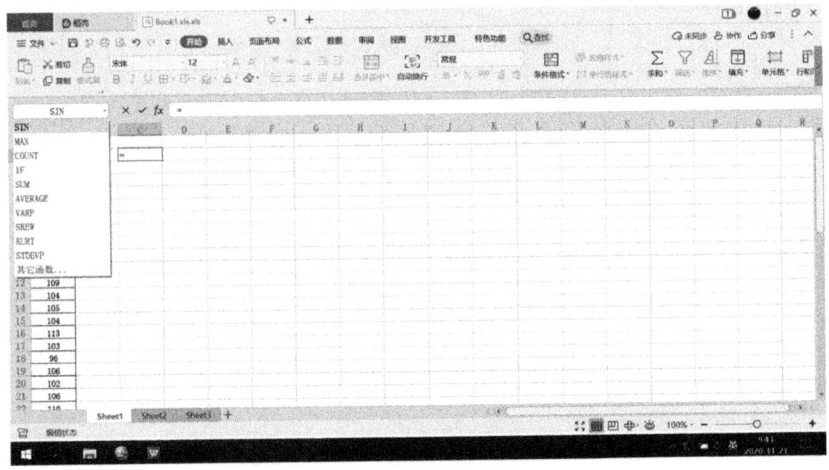

图 3.2 常用函数的下拉菜单

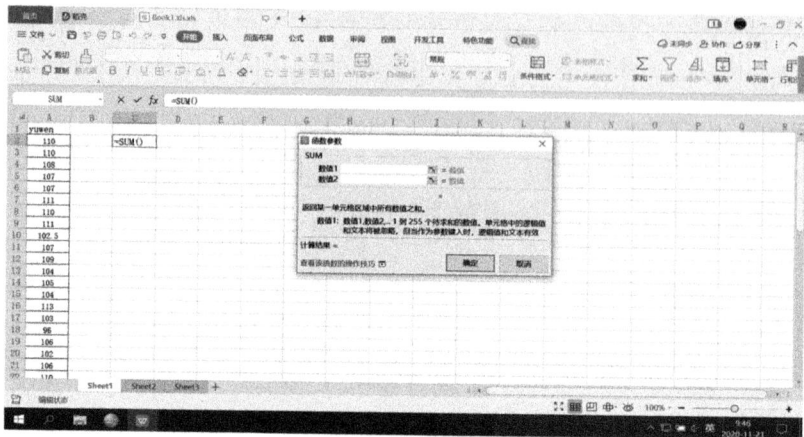

图 3.3 选取"求和"功能

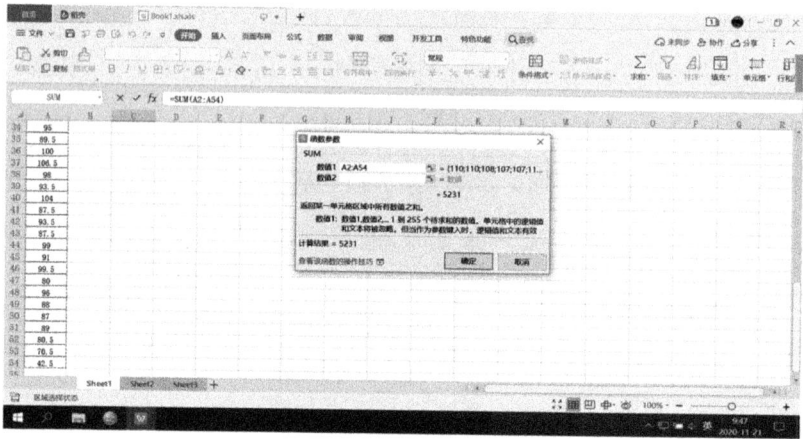

图 3.4 输入"求和"范围

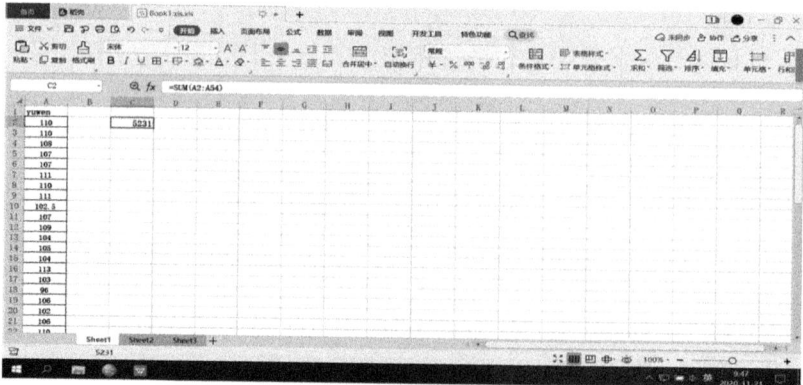

图 3.5 输出"求和"结果

当然,为计算平均值、方差、中位数、偏度值、峰度值、众数等统计量,也可以直接点击工具栏的"求和"菜单,不仅能够找到常用的函数选项,如图 3.6 所示,打开最下面的选项"其他函数",从下拉菜单中找到"统计",如图 3.7 所示,即可弹出"AVERAGE""VARP"等各类选项. 重复前面的操作,选定相应的统计功能按钮,输入所选数据的范围,即可输出相应的统计量值. 表 3.1 列出了该班级语文成绩的描述性分析结果,以及对应 Excel 电子表格中的函数名称. 根据表 3.1,不仅可直观了解该学科的平均分值、方差、中位数值、众数值等,而且其偏度值为负,表明正态分布左偏,高分较多,同时峰度值高达 8.364,

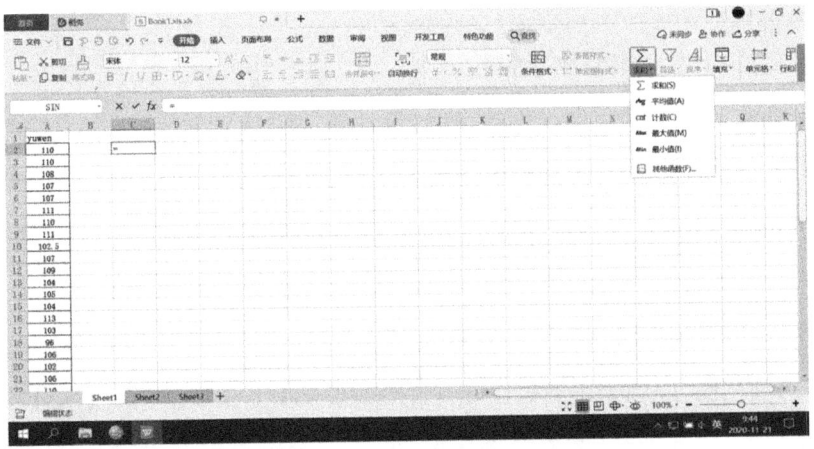

图 3.6 "求和"菜单的下拉选项

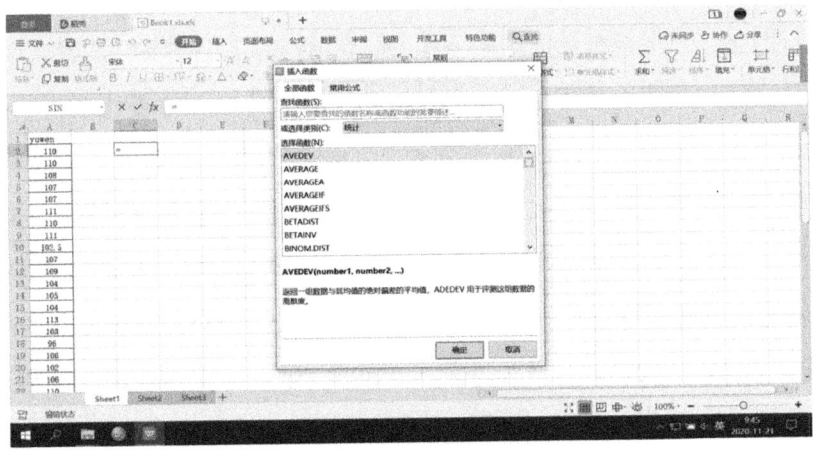

图 3.7 "统计"函数选项

远远大于正态分布的一般峰度系数 3,说明班级存在较为严重的两极分化现象,极端低分值如 42.5,其影响不容忽视.利用类似的思路,可完成对数学等其他学科的描述性分析,从而形成该班级成绩的总体分析结果.

表 3.1　某班级语文成绩分析表

选项 函数名称	总人数 COUNT	总分 SUM	平均分 AVERAGE	方差 VARP	中位数 MEDIAN	众数 MODE	最高分 MAX	最低分 MIN	偏度值 KURT	峰度值 SKEW
输出结果	53	5231	98.70	141.64	101.5	110	113	42.5	-2.312	8.364

3.3.2　绘制丰富多彩的统计图

为清晰直观地显示班级整体态势,除计算关键统计量外,还可以绘制各种统计图形.仍以语文学科为例,首先根据总体分值和研究需求设置不同的区间段,比如本次考试语文满分 120 分,可以细致分割为[110,120]、[100,109]、[90,99]、[80,89]、[70,79]、[60,69]、[0,59],或者简单按照惯常的优秀、良好、及格和不及格四个等级,设置区间段为[108,120]、[96,107]、[72,95]、[0,71],利用刚才"统计"下拉菜单中的"COUNTIF"函数,可快速统计各分数段内的人数,或者借助"数据透视表"直接生成分组表数据.当然,在班级人数不太多的情况下,直接利用 Excel 表格中的"排序"功能,也可以清晰地显示各区间的总人数.利用新统计的区间数据,选择"插入"工具中的"图表类型",可以选取柱状图,如图 3.8 所示,也可以选取饼状图,点击插入即生成饼状图,点击图中的"图表标题"进行编辑,如修改为"语文成绩分布图",也可以根据需要调换颜色等.选中图表,点击鼠标右键设置标签格式,如图 3.9 所示,也可以根据"图表元素"中的"快速布局"进行美化设置.同时,对于图中的图例格式,Excel 软件默认的是数字形式,为了清晰显示图例内容,可以点击鼠标右键,找到其中的"选择数据"选项,打开轴标签的编辑框,在其中具体编写图例内容,每两项之间用英文状态下的逗号隔开,把新输入的图例内容取代了原来的数字 1~4 后,点击"确定"按钮即可生成新的成绩分布图,如图 3.10 所示.当然,如果希望改变图形的样式,可以重新选择图表类型按照上述方式作图,也可以直接点击鼠标右键更改图表类型,转化为柱状图或者是其他样式的图形.

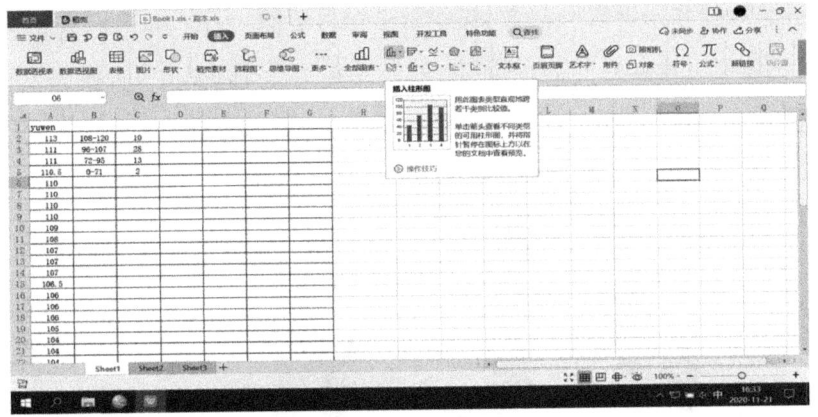

图 3.8　选取柱状图

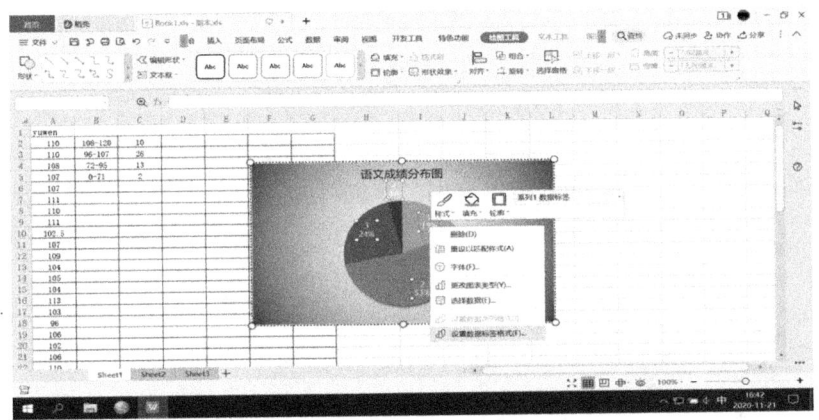

图 3.9　设置标签格式

根据研究需要,对数学等相关科目可以作形式多样的统计图,从而可撰写出图文并茂、内容丰富、形式优美的总结报告.另外,除了研究一个班级每个科目的基本信息,年级组长通常还需要对不同科目、不同班级的数据进行差异比较,最简单的是直接对比平均分、最高分、各

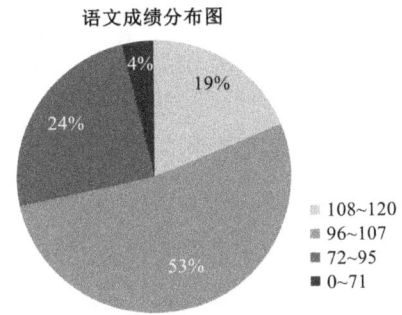

图 3.10　美化后的分布图

分数段的人数等,也可以通过图形进行直观对比.图 3.11 是语文和数学两主干学科各区间段人数的柱状对比图,图 3.12 是两个班级英语成绩优良率的折线对比图,数据和图形有机结合,各种信息一目了然.当然,如果需要从统计视角严格比较两组数据之间的差异性,就需要借助于"数据分析"模块下的"方差分析"选项,进行无重复双因素分析或可重复双因素分析.

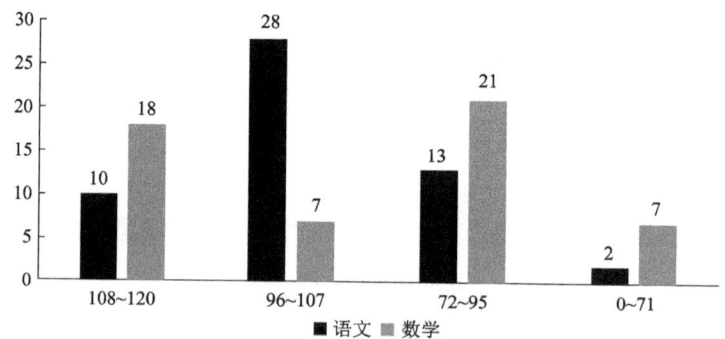

图 3.11　语文和数学成绩对比图

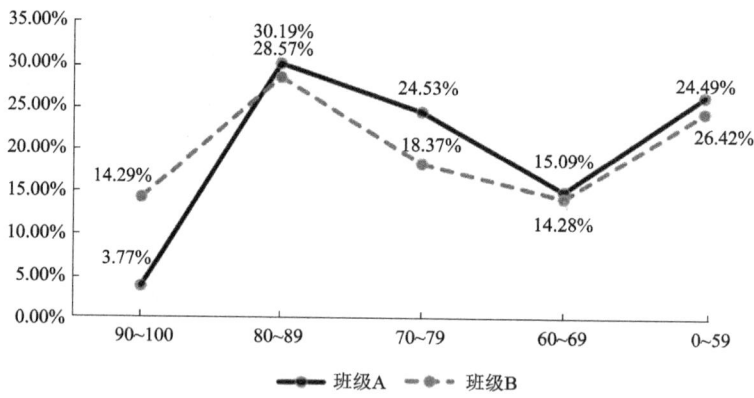

图 3.12　两班级英语成绩对比图

3.3.3　对考试情况的其他分析

除了上述单个科目、各个班级的具体成绩分析,作为一所学校,通常需要对每个年级的大型考试成绩进行整体分析,以研讨和制订后续的教学计划等.比如,对不同科目之间进行相关性分析,以了解学生的总体学习态势.在 Excel 软件系统中,使用"统计"下的"CORREL"功能,即可计算两组数据的相关性.

若希望计算一个班级多科目之间的两两相关度,可借助 3.4 小节即将介绍的 SPSS 软件或 SAS 软件,直接选取"数据分析"下的"相关性"对话框,即可输出相关系数阵,结果见表 3.2,表中列出了每两科之间的 Pearson 相关系数,并用"**"号标明了在显著性水平为 0.01 时具有显著相关性的变量. 当然,根据研究需要,也可以选择同时输出相关系数对应的相伴概率 P 值.

表 3.2 各科目的相关系数阵

	语文	数学	英语	历史	政治	地理	生物
语文	1	0.778**	0.651**	0.704**	0.755**	0.485**	0.597**
数学		1	0.820**	0.836**	0.807**	0.409**	0.669**
英语			1	0.728**	0.720**	0.432**	0.588**
历史				1	0.683**	0.557**	0.648**
政治					1	0.502**	0.722**
地理						1	0.655**
生物							1

表 3.2 显示,该班级各课程之间均有显著的正相关性,也就是说,对于初一的学生而言,成绩好的同学通常拥有良好的学习习惯,所有学科均衡发展. 另外,数学、语文与其他课程的相关程度高于地理、生物等学科与其他课程的相关程度,说明数学、语文属于基础性学科,对各学科的影响更大一些,据此任课教师可以制订出具有学科关联性的教学和学习方案.

同时,借助专业软件,还可以进一步分析检验试卷的内部一致性 Cronbach's α 系数,当系数大于 0.75 时,通常会认为试卷的信度较高,考试结果稳定可靠,有较高的分析价值. 进一步检验试卷的 KMO 值、Bartlett 球度检验值,根据其对应的概率 P 值,可以判定试卷效度以检验考试质量.

3.4 基于学生学业质量的教育综合评价

关于学生的学业质量评价,除了上述对具体成绩数据的分析,更要注重全面评价其综合素养,这就需要借助专业统计工具,从统计视角进行全方位评判. 和数学一样,计算机也是统计学的基础工具,个人电脑的普及、计算机技术的快速发展、互联网的广泛使用,使信息传递模式以及传递的质和量都发生了本质性变革.现代计算机技术支持简便快捷地开发与管理数据库系统,可以灵活地设计算法与程序定向处理庞大的数据集,能够挖掘结构复杂的数字、符号、声音、图像、视频等各种数据,人工智能、机器学习、模式识别、数据可视化等相关技术可以完成对数据集的自动探索性分析,因此,统计学的发展与计算机技术的进步密不可分.

3.4.1 计算机技术支撑的统计分析工具

除了传统的数理统计学、经济统计学、生物统计学、医学统计学、社会统计学等分支也枝繁叶茂,这些紧密依赖数据信息的统计学科,更需要计算机技术支撑下的专业分析工具.下面介绍一些目前常用的统计专业软件.

（1）SPSS 软件

作为世界上最早的统计分析软件,SPSS 软件由美国斯坦福大学的三位研究生于 1968 年研发成功,同时成立了 SPSS 公司.SPSS 软件的全称最初是"Solutions Statistical Package for the Social Sciences",即社会科学统计软件包,在长达 40 余年的发展历程中,SPSS 系统数次更新.到 2000 年,其全称正式更改为"Statistical Product and Service Solutions",即统计产品与服务解决方案,标志着 SPSS 公司战略方向的调整,不仅扩大了产品服务领域,而且增加了服务的深度和高度.2009 年,IBM 公司收购了统计分析软件提供商 SPSS 公司,SPSS 软件随之更名为 IBM SPSS Statistics,如今最新版本是 SPSS 29.

SPSS 是最早采用图形菜单驱动界面的统计软件,其操作界面友好,输出结果美观,所有功能都通过 Windows 窗口整齐展现,使用者只要掌握一定的 Windows 操作技能,熟悉和了解统计分析原理,就可以直接选择相应的对话框进行实际操作.SPSS 的数据接口通用,可以直接读取 Excel 表格等;它的统计功能强大,集数据录入、整理、分析功能于一体,设有具体的数据管理、统计分析、图表分析、绘图系统、输出管理等模块.SPSS 的统计分析过程主要包括描述性统计、均值比较、一般和广义线性模型、对数线性模型、相关分析、回归分析、聚类分析、预测、生存分析、时间序列分析等多个大类,每个类中又细化为各种统计过程.比如最常用的回归分析,其中包括线性回归分析、Logistic 回归、Probit 回归、曲线估计、加权估计、最小二乘法、非线性回归等,每个统计过程都允许使用者自行选择参数和各种方法.

由于其强大的数据挖掘、统计运算、自动绘图、预测分析、决策支持等功能,SPSS 软件被广泛应用于数学、统计学、经济学、物流管理、心理学、地理学、医学、生物学、林业、体育、农业等各科学领域.

(2) SAS 软件

SAS 系统全称为"Statistics Analysis System",即统计分析系统,最早是由美国北卡罗来纳州立大学的两位生物统计学研究生于 1966 年联合开发的,1976 年成立 SAS 软件研究所并正式推出 SAS 软件. SAS 系统的版本更新非常迅速,自 1985 年推出在 PC 机上运行的 SAS 6.02 版本之后,到 2012 年 3 月 20 日已正式向全球发布 SAS 10.0 版,其最早的功能仅限于统计分析,目前已成为一个集完备的数据访问、数据库管理、数据分析、报表图形、信息系统开发和决策支持等多种强大功能为一体的大型集成式模块化软件系统.它的基本部分是 BASE SAS 模块,在此基础上增加的 SAS/STAT(统计分析模块)和 SAS/GRAPH(绘图模块)不仅可以提供含有大量任选项的多个统计过程,通过对数据集的一连串加工,实现极其复杂的统计分析,甚至包括各类概率分析函数、分位数函数和样本统计函数等,还可以绘制各种直观、漂亮的统计图. SAS 系统支持对话框和编程两种操作方式,界面清晰,程序语言简单易懂,可操作性强.

和已往版本相比,SAS 10.0 版本更加强大、直观、快速和简便,可以挖掘出更多信息,即使处理海量数据也游刃有余,它全新的"评估设计"平台能对任何可作为设计的数据表进行评估,并可结合其他相关功能改进实验设计.因此,SAS 软件已被全世界 120 多个国家和地区的近 3 万家机构采用,遍及金融、通讯、政府、医药卫生、生产、运输和教育科研等诸多领域. SAS、SPSS 和 STATA 并行构成了三大著名的统计分析软件.

(3) Eviews 软件

Econometrics Views 软件,简记为 Eviews,指计量经济学软件包,主要是针对社会经济关系和经济活动等时间序列数据,利用计量经济学的方法与技术处理其数量规律.Eviews 软件具有 Windows 系统可视化操作的良好性质,使用鼠标即可进行菜单、对话框化式操作;当然,也可以在命令行输入、编辑和执行命令,通过程序驱动运行.使用 Eviews 软件,可以方便地进行销售预测、成本分析、构建和检验评价经济模型等,所以它较多地应用于金融分析、经济预测、政策评价等领域.在处理跨部门的大型项目时,也可以采用 Eviews 软件.

与 SAS 软件和 SPSS 软件相比,Eviews 软件的分析内容可能更专业化一些,主要是针对时间序列分析、计量经济学这两个分别从属于统计学和经济学的分支学科.

(4) R 软件

R 软件和 S-plus 软件较为类似,都使用 S 语言,二者也具有一定的兼容性.S 语言是一种适用于数据探索、统计分析、绘制图形的解释型语言,R 软件具有完整的数据处理、计算分析、制图等系统.R 系统的基本思想是,提供一些集成的统计工具,但更大量地提供各种数学和统计计算函数,从而方便用户灵活机动地分析数据.其具体功能主要包括:简洁高效的编程语言,数据的存储和处理,针对向量、矩阵等数组的强大运算功能,连贯的统计分析系统,美观的各类统计图形等.

还需要特别强调的是,在所有专业统计软件中,只有 R 软件是一个完全免费的自由软件,它的各种版本都可以免费下载和使用,也比较适合于现代的大数据分析.

另外,在大数据处理过程中也经常使用 Python 软件,和上述几个软件相比,Python 应该被视为一种跨平台的计算机程序设计语言,更多地应用于 Internet 开发、科学计算和统计、网络爬虫、人工智能和软件开发等一些大型独立项目的开发,对使用者的计算机基础有一定要求.因此,笔者建议,非统计学的专业人士可以首先选取相对容易理解和操作的 SAS、SPSS 软件进行数据分析.下面结合学生学业质量和中学数学教师教育教学知识等问题,利用上述工具,对相关数据进行实证研究.

3.4.2 相关统计理论知识简介

《国家中长期教育改革和发展规划纲要(2010—2020)》的正式公布,极大地促进了教育界对学生学业质量评价的思考和关注,专家学者从不同视角讨论了学业质量评价的内涵和现实状况、中小学学业质量的标准、义务教育质量综合评价的改革关键等. 以统计学中的聚类分析和判别分析为主体进行学业质量评价,可突破单纯凭考试总分或平均分排序的传统评价方式.

聚类分析是以分类为指导思想的一种多元统计分析方法,其原则是"物以类聚"——根据对象之间的相关程度进行类别的聚合,目标是同一类中的对象有最大的相似性,而类与类之间的个体差异尽可能大. 常见的聚类方法有系统聚类法、K 快速聚类法、模糊聚类法、分层聚类法和两阶段聚类法,SAS 系统支持离差平方和法、重心法、类平均法、最短距离法、中间距离法、完全连接法、最大似然法等 11 种系统聚类方法,其中应用最多的是离差平方和法. 离差平方和法的基本思路是:先将 n 个样本各成一类,然后选择使离差平方和最小的两类合并,直到将样本集 X 聚合为 k 类为止.

判别分析又称分辨法,是在分类已确定的条件下,根据研究对象的某些观测指标或特征属性,判别样本个体所隶属总体的一种多变量统计分析方法. 在解决实际问题时,判别分析经常和聚类分析联合使用,首先通过聚类分析对样本集进行分类,然后按照一定的判别准则,结合新样本的数据资料确定判别函数或判别指标,从而对新样本进行判别分类. 常用的判别方法有费歇尔判别法、贝叶斯判别法和距离判别法等.

3.4.3 变量选取与数据预处理

以某班级为例,从学科成绩、发展潜力、运动健康、思想素养四个维度出发,共选取该班第一学期期末的语文(X_1),数学(X_2),英语(X_3),历史(X_4),政治(X_5),地理(X_6),生物(X_7),美术(X_8),音乐(X_9),体育(X_{10}),劳动技能、品德修养与公益活动表现(X_{11}),进退步名次(X_{12}),是否参加学科竞赛、各类问题比赛、第二课堂等(X_{13})共 13 个变量,作为全面评价学生学业质量的指标体系. 剔除由于学生缺考、转学、休学等情况造成的无效数据和记录、保存等各种主客观原因形成的异常数据,共得到全班 51 名同学的有效成绩数据 663 个,如表 3.3 所示,限于篇幅,只列出了部分样本数据.

表 3.3 某班级原始成绩表

xuhao	X_1	X_2	X_3	X_4	X_5	X_6	X_7	X_8	X_9	X_{10}	X_{11}	X_{12}	X_{13}
1	113	113	112	97.5	94	97	97	4	4	95	4	2.2	1
2	108	120	117.5	95	88	94	97	4	4	99	4	-0.4	1
...													
27	97.5	105	83.5	95.5	53	95	72	4	3	83	3	5.9	0
28	103.5	109	95	85.5	77	48	79	3	4	77	2	-2.3	1
...													
50	65	53	68	56	40.5	33	63	1	2	50	2	-0.2	0
51	72	69	33.5	48	50	45	53	1	2	89	1	-0.4	0

需要说明:

① 原始成绩中,变量 X_8、X_9 和 X_{11} 通过优、良、中、差四个等级评定,SAS 系统的聚类分析程序无法识别,故使用数值 4、3、2、1 相应替换,类似地,变量 X_{13} 中的数值 1 和 0 对应原始成绩的"是"与"否".

② 作为体现学生发展潜力态势的指标之一,进退步名次变量 X_{12} 由入学到期中、期中到期末的进退步名次加权确定,进步记为正值,退步记为负值,加权比例为 3:7.

③ 为体现聚类分析与传统评价方式的异同,表 3.3 中的序号(xuhao)根据文化课成绩(变量 X_1 至 X_7)总分由高到低排列.

3.4.4 样本的聚类分析

采用系统聚类的离差平方和法,利用 SAS 软件可得最终聚类结果,见图 3.13,由此可以清晰地看出,根据学生的学业综合实力,整个班级可分为四大层次,第 1 类区的学生序号集是{1,4,5,2,3,6,10,9,12},第 2、3 和 4 类区依次为{7,8,17,...,22,24}、{28,33,32,...,41,44}和{38,46,49,47,51,48,50}. 总体而言,无论是学科成绩,还是体育素质、美术和音乐修养,以及竞赛创新能力等方面,第 1 类区的学生都表现突出、成就非凡,在全班居于最高水平行列.

相比之下,由于学习习惯和基础背景等原因,4类区学生的综合学业发展水平仍处于较为落后的层面,在后续学习中存在很大的提升空间.

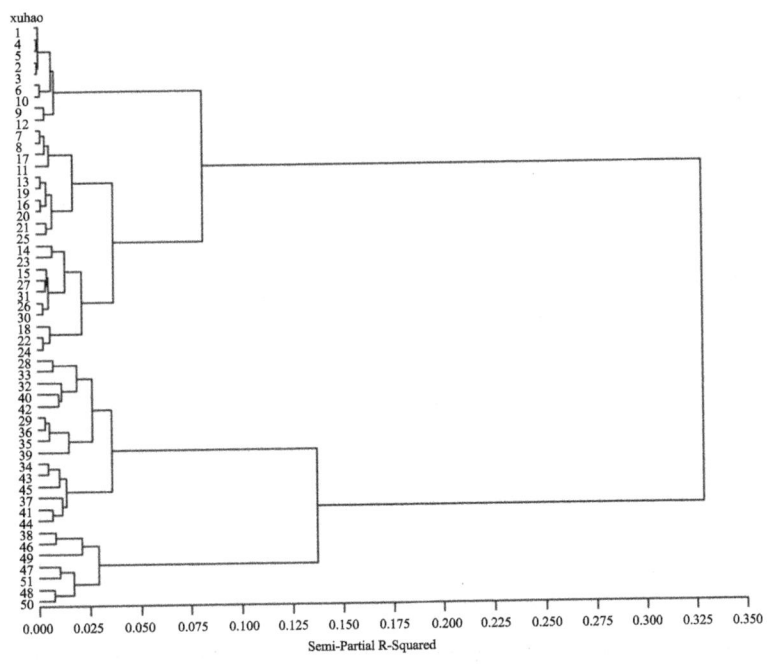

图 3.13　某班级 51 名学生的聚类结果

对 4 个类区和传统排序进行比较,可以看到,7 号、8 号和 11 号学生虽然学科总分较高,但劳动表现、体育锻炼和比赛活动方面的欠缺使其与 1 类区失之交臂,与其"同命相怜"的是 3 类区 28、29 号和 4 类区 38 号学生,这种分析有利于发现学生的问题症结,以便于因材施教和个案辅导,同时也体现了聚类分析对学生学业质量全面评价的优势.进一步挖掘聚类过程,容易发现,2 号和 3 号先聚为一类,说明其实力相当,与 1 号之间尚存差距,这与实际情况相吻合.同时,和 6 号最先聚为一类的不是 7 号或 8 号,而是 10 号,追溯到原始成绩可知,6 号和 10 号在发展潜力、运动和素养等方面的表现非常相似,进步名次 X_{12} 分别为 3.1 和 6.8,属于 1 类区进步最快的两位.可类似地探究 9 号和 12 号的聚类原因,其他相同情况不再赘述,对此种聚类结果和聚类成因的探究分析,可为教师组织分层教学、小组合作学习等提供技术指导和参考依据.

3.4.5 样本的判别分析

随机选取另外一个班的 8 名学生作为对比样本,利用费歇尔判别法进行判别分析,由于 SAS 系统的判别分析过程包含了变量分析的所有步骤,输出结果非常丰富,在此只给出最后的判别结果图 3.14,表明 8 个样本分别位于第 1~4 类区,与其原始成绩数据比较可知,判别结果与学生的学业实力水平相符合.同时,图 3.14 显示对 51 名学生的聚类分析中,只有 11 号和 43 号被错判,错判率仅为 0.0292,说明聚类分析是成功的.

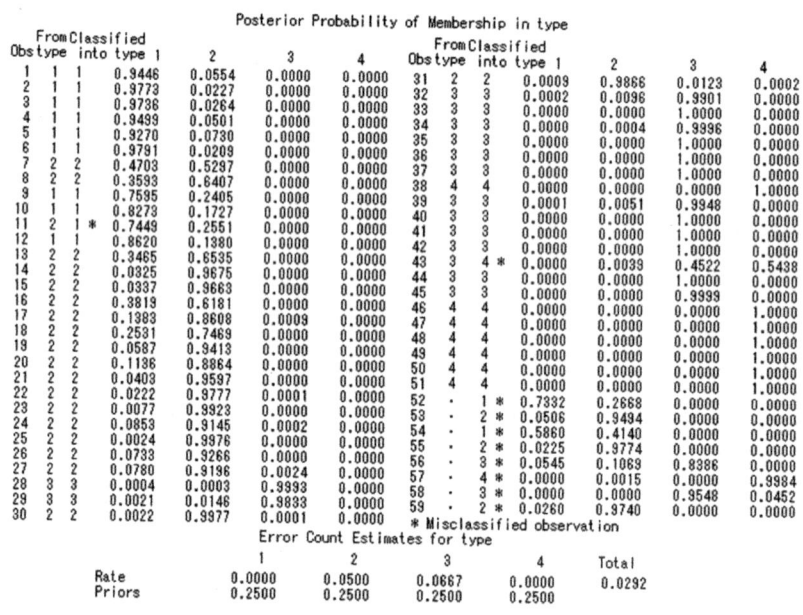

图 3.14 对照班 8 名学生的判别分析结果

以统计软件为工具,以全面反映德、智、体、美的 13 个变量为样本,利用聚类分析和判别分析等多元统计分析方法,对某班级 51 名学生的学业质量进行实证研究.结果表明,根据学生的综合学业水平,整个班级可分成 4 个类区,不同类区学生的发展实力有较大的差异.通过对聚类分析和传统评价方式的对比研究,剖析了聚类历史过程和聚类成因,并借助判别分析进一步验证了聚类结果的可靠性,完成对新样本的判别归类研究,最终构建对义务教育阶段学生学业质量进行全面、客观评价的体系结构.

3.5 中学数学教师教育教学知识 MPCK 的统计分析

随着新课程改革的大力推进,教师的专业发展逐渐成为教育界、学术界关注的前沿和焦点问题. 起源于 20 世纪 80 年代,由美国斯坦福大学舒尔曼(Lee S. Shulman)教授提出的教学内容知识(Pedagogical Content Knowledge,简记为 PCK),是教师所需要的专业知识中特有的一种知识类型. PCK 的概念一经提出,对教师教育理论和教学实践都产生了重要影响,它旨在探讨教师应如何把学科知识和教育知识有机融合,从而以最高效简洁且易于被学生理解和接受的方式呈现具体学科知识. 对教师 PCK 理论知识的探讨有助于其预估学生的学习困难,并基于多样化的教学方法解释难点,故 PCK 理论受到研究者的高度重视,其中针对数学学科的具体研究称为数学学科教学知识,简记为 MPCK,它是影响数学教师专业化成长的关键因素. 因此,在新课程标准的改革和实施背景下,科学研究中学数学教师 MPCK 的来源、构成、呈现方式,具有重要的理论价值和实践意义. 研究以河南省教育状况为背景,以数学本科师范生和全日制教育硕士一体化培养为主体,以优秀国培学员为研究对象,以实证分析为主导,深入探究两个问题:

① 职前职后中学数学教师 MPCK 的整体状况如何?性别、实习经历、教龄、学历、职称等背景不同的教师在四个维度的认知表现是否存在差异?其 MPCK 的来源是否存在差异?

② 教师教学组织过程中 MK、CK、PK、TK 的表现是否存在差异?教师 MPCK 对教师教学行为的影响效应如何?提升 MPCK 与有效课堂教学有何关系?

3.5.1 调查研究设计

(1) 调查工具的研制

在借鉴前人相关资料的基础上,初步拟定"职前数学教师学科教学知识调查框架"和"中学数学教师学科教学知识 MPCK 调查问卷". 对于职前数学教师的调研问卷,首先邀请来自高等师范院校和知名中学的数学教育教学专家,以及在读本科生、教育硕士研究生、课程与教学论数学方向的研究生,进行交流讨论、访谈对话,经过反复论证和综合评议,并选取部分职前数学教师实施预调查,结合调研结果再次修订问卷.对于一线数学教师的调研,则邀请高等师范院校数学课程教学论教师3人、中学数学教师4人,以及数学学院国培计划聘请的国内知名数学教育专家3人进行函询,并对部分专家和教师进行访谈,经过反复修订构建了调研问卷初稿.

两类问卷的主体结构都包括两大模块,第一模块调查样本基本信息,职前问卷主要包括性别、就读年级、实习方式、参加的相关社会实践和预期的就职学校类型等,职后问卷主要包括性别、年龄、教龄、职称、学历、毕业院校和任教学校的类型、任教级段等.第二模块基于四个维度实证调研数学教师的 MPCK 状况:第一维度 MK,指数学学科的基础理论知识;第二维度 PK,指一般的教学法知识;第三维度 CK,指关于数学学习内容和学生发展的知识;第四维度 TK,指关于传统和现代教育信息技术的知识.对不同维度进行全方位考察,以综合评价教师将学术数学知识转化为学生可理解、易接受教育知识的素养,即教师 MPCK 的认知态势,并深入探究背景信息迥然不同的教师在四个维度的表现差异.同时,为挖掘差异存在的本质原因,对中学数学教师 MPCK 的认知来源和影响因素从八个层面进行考察,A:学生时代的学习经历和经验;B:系统规范的专业教育和入职培训等;C:教研活动、讲座、教学技能竞赛等专业活动;D:教师之间、师生之间的交流;E:对专业书籍的阅读和自身的教学反思;F:学校对教师教学工作的管理和评价等;G:教育教学改革课题的研究;H:职后的各类继续教育.概言之,文章旨在通过实证调查分析,具体研究下述问题:不同背景的中学数学教师在哪些层面存在 MPCK 的差异性?该差异与其 MPCK 的认知来源方式是否相关联?针对差异现实状况,如何发展不同类型教师的 MPCK?考虑到被调查者可能会抗拒作答开放式主观测试题,从而产生大量无效问卷,故全部设置为客观题.第 1~6 题、第 7~12 题、第 13~18 题、第 19~22 题分别对应 MK、CK、PK、TK 四个维度,每个维度后面都列出了可能的来源选项,所有题目利用①~⑤五级量表刻画影响程度,其中:①非常大;②较大;③

一般;④较小;⑤非常小或几乎没有影响. 预调查显示第④和第⑤选项比例特别低,经过团队研讨和专家评议,一致同意修订为四级量表,第①~③保持不变,第④修订为较小或非常小,形成了最终的正式调研工具.

(2) 调查样本的选取

对于职前数学教师的调查,样本选取河南省的 2 所师范院校,一所是省属师范大学,一所是地方师范学院,调查对象是数学与应用数学专业大三年级以上的本科生和教育硕士、课程教学论研究生,样本具有一定的代表性. 调查借助于学校老师和辅导员的支持,在自习时间进行,全部使用纸质问卷、现场作答. 调查共发放问卷 218 份,回收有效问卷 190 份,回收率约 87%.

对于职后数学教师的调查,借助学校和学院承担的各级各类培训项目,选取"国培计划"中西部项目乡村教师访名校、"省培计划"乡村主干学科初中数学教师培训、"国培计划"初中数学置换脱产研修项目的培训学员为样本,学员均为全省各级中学的优秀教师,颇具代表性. 调查时间是 2018 年 12 月,主要利用学员课前或座谈时进行调查,全部使用纸质问卷、现场作答,共发放问卷 385 份,回收有效问卷 348 份,回收率约 90%,样本基本信息如表 3.4 所示.

(3) 问卷的信度和效度检验

利用统计软件 SPSS 22 进行数据处理和统计分析,首先检验问卷各维度以及问卷整体的内部一致性 Cronbach's α 系数,结果显示,两类问卷整体信度值高达 0.97,所有信度值均达到 0.8 及以上,表明问卷信度较高,调研结果稳定可靠. 另一方面,问卷设计以考察数学教师的 MK、CK、PK、TK 四个维度为主体,适宜于结构效度分析. 对其进行因子分析,问卷 KMO 值为 0.938,Bartlett 球度检验为 4291.297,对应的概率 P 值是 0.000,远远小于 0.05,且相关系数矩阵中几乎所有相关系数值都大于 0.3,证实了通过因素分析效度的可行性. 同时,进一步抽取特征值大于 1 的变量,抽取公因子数恰好是 4 个,且 4 个公因子对总方差的解释量达到 63.514%,不仅与上述四个维度高度吻合,而且说明可以通过因子旋转再深入剖析,转轴后的成分矩阵显示,问卷中每个题目都仅仅只在某一主成分上具有较大负荷,表明问卷所有题目都具有较好的效度.

表 3.4 被调查教师的信息分布

变量	性别	男	女	总计
类型	高中教师	39(11.2%)	54(15.5%)	93(26.7%)
	初中教师	68(19.5%)	187(53.7%)	255(73.3%)
年龄	20~29 岁	4(1.1%)	35(10.1%)	39(11.2%)
	30~39 岁	29(8.3%)	101(29.0%)	130(37.4%)
	40~49 岁	54(15.5%)	95(27.3%)	149(42.8%)
	50 岁以上	20(5.7%)	10(2.9%)	30(8.6%)
教龄	1~3 年	1(0.3%)	21(6.0%)	22(6.3%)
	4~9 年	7(2.0%)	45(12.9%)	52(14.9%)
	10~19 年	33(9.5%)	82(23.6%)	115(33.0%)
	20 年以上	66(19.0%)	93(26.7%)	159(45.7%)
职称	中学二级	15(4.3%)	87(25.0%)	102(29.3%)
	中学一级	52(14.9%)	100(28.7%)	152(43.7%)
	中学高级	33(9.5%)	38(10.9%)	71(20.4%)
	其他	7(2.0%)	16(4.6%)	23(6.6%)
学历	中专	3(0.9%)	1(0.3%)	4(1.1%)
	大专	14(4.0%)	16(4.6%)	30(8.6%)
	本科	86(24.7%)	204(58.6%)	290(83.3%)
	硕士以上	4(1.1%)	20(5.7%)	24(6.9%)
毕业院校	中师	16(4.6%)	26(7.5%)	42(12.1%)
	师范院校	67(19.3%)	135(38.8%)	202(58.0%)
	普通本科	21(6.0%)	74(21.3%)	95(27.3%)
	其他	3(0.9%)	6(1.7%)	9(2.6%)
任教学校	省级学校	24(6.9%)	26(7.5%)	50(14.4%)
	市区学校	31(8.9%)	85(24.4%)	116(33.3%)
	乡镇学校	29(8.3%)	93(26.7%)	122(35.1%)
	农村学校	23(6.6%)	37(10.6%)	60(17.2%)

样本总数 $N=348$,括号内是每项人数占样本总数的比例.

3.5.2 职前数学教师 MPCK 的实证研究

对于调研结果的计分方法是:选项"①非常大"记 4 分,"②较大"记 3 分,"③一般"记 2 分,"④较小或非常小"记 1 分,MK、CK、PK、TK 四个维度得分系各维度所有题目分值的算术平均值,对 7 个来源选项采取相同的计分方法,分值越高,表明该来源因素对职前数学教师发展 MPCK 的影响越大.

(1) 性别差异比较

首先从性别上对职前数学教师的 MPCK 构成进行双独立样本 t 检验,结果显示,四个维度均不存在统计意义上的性别差异.从平均分值而言,CK、PK、TK 的分值差异较小,均小于 0.05,尤其是 PK 的均值差异只有 0.01.相比之下,MK 的均值差异较大,进一步分析 MK 维度下的所有选项题目 MK1~MK6,结果如表 3.5 所示.虽然男女同学仅在 MK4 变量上存在显著性差异,但总体来看,无论是 MK 的平均分值,还是其各项的具体分值,都是男生明显高于女生,说明男生在学习数学学科基础知识方面,比女生具有一定的专业优势,究其原因,主要是男生更长于理性思维,善于抽象论证.

表 3.5 职前数学教师 MK 维度的性别差异分析

	MK	MK1	MK2	MK3	MK4*	MK5	MK6
男($N=71$)	3.17	2.95	3.29	3.05	3.52	2.95	3.29
女($N=119$)	2.94	2.84	3.11	2.75	3.14	2.83	2.99
差异值	0.23	0.11	0.18	0.30	0.38	0.12	0.30

*表示男女同学在该变量上存在显著性差异.

职前数学教师 MPCK 的认知来源分析结果如表 3.6 所示,表中来源方式 A~G 的具体含义分别是(后同) A:中学时代的学习经历;B:系统规范的师范专业教育;C:参与的师范技能培训、教学技能竞赛活动;D:同学之间的交流;E:对专业书籍的阅读和自身的反思;F:学校对学生学习的管理和评价等;G:教法类等相关课程的学习和课程结业论文写作等.基于性别层面分析职前数学教师 MPCK 四个维度的来源,双侧 t 检验显示均不存在显著性差异,深入剖析表 3.6 的平均分值可知,职前数学教师对四个维度的主要认知来源都是 B、C、A,其次是 E、F 和 G,最弱的是 D.也就是说,系统规范的专业教育、师范技能培训等活动,以及中学时代的学习经历是职前数学教师专业发展的重要渠道,反映了师范专业学习的必需性和有效性.值得注意的是,交流对各维度的贡献

表 3.6　职前数学教师 MPCK 来源方式的均值及性别差异比较

选项	MK 来源		CK 来源		PK 来源		TK 来源	
	男	女	男	女	男	女	男	女
A	3.10	3.09	2.81	3.04	2.95	2.97	2.90	2.95
B	3.52	3.15	3.24	3.08	3.19	3.08	3.43	3.11
C	3.33	3.02	3.14	2.99	3.14	2.99	3.19	3.08
D	2.57	2.68	2.57	2.76	2.71	2.69	2.62	2.70
E	2.81	2.68	2.95	2.91	3.10	2.91	3.05	2.93
F	2.57	2.80	2.90	2.84	2.95	2.89	2.81	2.87
G	2.86	2.70	2.67	2.80	2.90	2.88	2.95	2.85
列值排序	B>A>C>F>G>E>D		B>A>C>E>F>G>D		B>C>A>E>F>G>D		B>C>A>E>F>G>D	

都是最弱,说明当前学生们之间讨论、质疑、辩论、相互学习的时间和空间在减少,这一现象与时下的"手机控"是否关联,如何引导学生高效学习是值得深入探讨的问题.

(2) 基于年级、实习和社会实践经历等因素的差异比较

当设定学生的年级、实习方式和社会实践经历等变量为控制因子时,利用 SPSS 系统支持的 KW 检验、JT 检验和中位数检验等不同方法进行多独立样本的非参数检验,结果显示四个维度均不存在统计意义上的显著差异,且均值分布特征不清晰,因此尝试进行各种分组实验. 表 3.7 列出了三个变量各设为两个组别时的对比结果,由此可知,有过实习经历和社会实践的学生各项得分都显著高于没有上述经历的学生,大四年级和研究生组对比大三年级时存在相同情形,究其原因,从大三到大四和研究生,两个组的最大差异就在于有无经历系统规范的教育实习,故三个因素对应的职前教师 MPCK 构成及其分布较为相似.

为直观且细致剖析四维度的差异态势,进一步作其分值差异比较图. 图 3.15 清晰地显示了三种分组情形下,职前数学教师 MPCK 构成、四个维度差异的相似性,尤其是基于年级和实习经历两类因素进行分组时,两个图形的区

表 3.7　不同类别的职前数学教师四个维度分值比较

变量因素	组别分类	MK	CK	PK	TK
年级	组1(大四和研究生,N=75)	3.15	3.09	3.23	3.16
	组2(大三,N=115)	3.07	2.89	3.12	3.09
	差异值	0.08	0.20	0.11	0.07
实习方式	组1(有实习,N=128)	3.11	3.01	3.19	3.16
	组2(无实习,N=62)	3.06	2.83	3.09	2.98
	差异值	0.05	0.18	0.10	0.18
社会实践经历	组1(有实践,N=134)	2.98	3.12	3.18	3.13
	组2(无实践,N=56)	2.81	2.86	2.96	3.00
	差异值	0.17	0.26	0.22	0.13

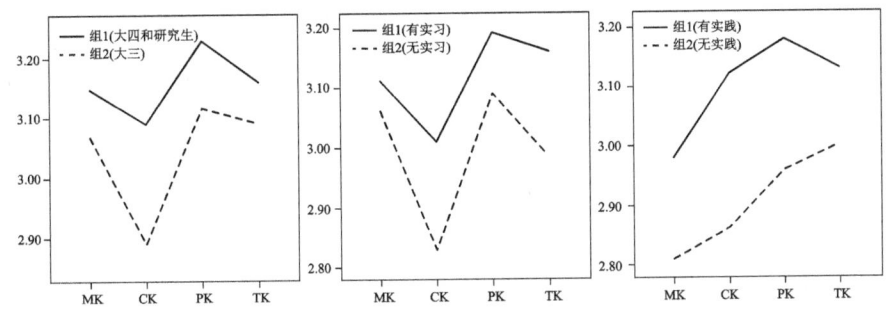

图 3.15　不同类别职前数学教师的四个维度差异比较图

别仅限于数值的具体不同,其变动模式极其一致.同时,三种分组下,职前数学教师 CK、PK 的差异较大,其次是 TK,差异最小的是 MK,说明职前教师数学学科基础知识与实习的关联度不高,MK 主要是基于本科一、二年级阶段的专业教育习得;实习和实践是师范生获取"关于学生的数学知识"和"一般教学法知识"的重要环节,一方面反映了教育部"强化实践育人、切实提升师范生教学实践能力"指导精神的精准性,另一方面也揭示了当前高等师范教育课程设置和教学安排"重理论、轻实践""重学科知识、轻师范技能"的现实状况,人才培养方案的改革应高度重视"数学课程教学论""中学教学研究""中学数学教学设计与案例研究""数学课程标准与教材研究"等实践课程教学.

为追溯不同类别职前数学教师 MPCK 的来源差异,表 3.8 统计了各维度下具有显著差异性的来源方式,根据表 3.8,三组别师范生MPCK认知普遍具

表 3.8 四个维度下不同类别职前数学教师存在显著差异的来源方式

维度 变量	MK	CK	PK	TK
年级	F(−0.20)	C(0.23)	C(0.19)	C(0.18)
实习经历	A(0.27)、B(0.28)、C(0.26)	B(0.27)、C(0.28)	C(0.35)、E(0.21)	B(0.32)、C(0.24)
社会实践经历	B(0.35)、C(0.47)	无	E(0.18)	无

括号内的数字表示不同类别下组 1 和组 2 对于该认知来源的差异值,组 1 和组 2 的具体分类可参见表 3.7.

有显著差异的来源方式是选项 C,特别是大四和研究生组、有实习经历组,师范技能培训和教学技能竞赛活动对其认知 MK、CK、PK、TK 四个维度的重要影响,都要明显高于相应的对照组.影响程度对比较为明显的是选项 B,当师范生经过实习和社会实践,真正步入中学数学课堂,与授课对象有了充分的交流后,这会促使他们结合自己所受的专业教育,更深刻地去思考和理解学科基础知识、学生已掌握的数学知识,使其 MK、CK 甚至 TK 更丰富更完善. 另外,选项 E 对有实习和实践经历组 PK 的影响显著高于对照组,说明职前数学教师经过实习后,能更加明确地认识到教学反思对提升教法技能的重要性. 最后需要注意表 3.8 中唯一的负差异值,选项 F 对大四和研究生组 MK 的认知影响远低于大三组,显示了学校对本科毕业生和研究生管理工作的相对松散,同时进一步说明师范生的数学基础知识主要是集中于低年段获得,后期发展较为迅速的是其教学实践能力.

(3) 基于预期就职学校类型的差异比较

调研设定的师范生预期就职学校分为四类:小学、初中、高中、继续读研或读博,统计检验显示各组别四个维度下均不存在显著性差异.根据均值分布,从预期任职中小学教师到任职高中教师再到继续求学,其 MK 均值明显呈上升趋势,而 CK 和 PK 均值明显下降,TK 均值差异不大.也就是说,预期到中小学就职的学生比较注重教法实践技能,预期任职高中教师的学生更注重专业知识,尤其是准备进一步深造的学生,其 MK 远远高于另外三组,理论水平明显大于实践能力,凸显了当前研究生招生考试的导向.

(4) 职前数学教师 MPCK 专业发展的建议

① 开展灵活多变的实习和实践活动.

如前所述,实习和实践经历、师范技能训练、教学比赛等是职前数学教师 MPCK 认知的重要来源和影响因素,为了给师范生创造更多走上讲台、走进中学数学课堂的机会,除了各高等师范院校都相对重视的为期半年的教育实习,可增设灵活多样、丰富多彩的校内实习和教育实践.如在大一和大二低年级段即成立"教育实践小组",利用周末、节假日举行三笔字、普通话训练、模拟教学比赛,联系本地中小学进行无偿家教、教学参观等.从学院或学校人才培养改革的视角而言,可把"集中性一次实习"调整为"多阶段多次实习",通过短期的课堂观摩和教育见习、适时的中学实战实习、高效的自主实习,让职前数学教师及早、及时、真正地融到中学数学课堂教学,使其基础课程的理论学习更好地服务于 MPCK 的专业发展.当然,职前数学教师 MPCK 的专业化发展,在高度重视相关前沿理论拓展、通用教学技能教育理论的基础上,应该特别凸显旨在培养数学教师教学能力的教育综合实践和中学数学教学研究等,注重不同实践模式、实践内容的相互融合、交叉和关联.

② 强化教师教育类课程的实践效果.

根据表 3.6,教法类相关课程的学习和结业论文写作对职前数学教师 MPCK 的认知影响力比较小.按照《教师教育课程标准》的设计安排,高等师范院校基本上都开设了课程标准与教材研究、教学设计、综合实践活动等教师教育理论和技能课程模块,但通常都设在了大三下学期或大四上学期,考核大多还是以理论为主,教师和学生都不太重视,所以当前最关键的问题是通过表现性评价、过程性评价、实践性评价等动态评价,落实教法类课程的实践效果.同时,在保持课程结构合理的前提下,适当调整教法类课程的开设时间,适量增加实践技能性课程学分.借助现代化教育信息技术平台,精选中小学数学教育教学的优秀案例,充分利用虚拟现实、增强现实和混合现实,通过线上教学与线下教学的有机结合,大力推广翻转课堂、混合式教学、雨课堂等新型教学模式,构建以教师执业能力为导向,交互性强、情境化灵活真实的课程模块群,尤其应强化教师教育课程模块群的开发和利用,以切实满足师范生的个体需求和共性需求,使职前数学教师通过尽可能多的渠道熟悉和掌握数学教育教学知识.

③ 结合职前数学教师的性别差异,注重个体发展,以有的放矢提升教师MPCK.

当前各级师范院校的性别比例都不太均衡,女生的比例远远大于男生,根据表3.5,男生的MK分值平均高出女生0.23分,但表3.6的来源方式显示F(学校管理)选项对女生基础知识的影响要重于对男生的影响,分值差异也高达0.23.因此,在师范教育中,应尊重并充分利用不同性别的思维特点和心理规律,强调女生通过教学技能竞赛、阅读专业书籍和理论思考强化自身对数学知识本质和纵横联系的理解,男生通过规范认真的常规教学工作提升教学法技能.

3.5.3 职后中学数学教师MPCK的实证研究

(1) 性别差异比较

首先从性别上对教师MPCK构成进行双独立样本t检验,结果如表3.9所示,MK列对应t统计量的相伴概率P值小于0.05,说明在该维度存在显著的性别差异,除此之外,其余三维度不存在统计意义上的性别差异. 从教师MPCK的平均分值而言,男教师的MK明显高于女教师,而CK、PK、TK均低于女教师,进一步体现了男教师比女教师更系统地掌握了数学学科知识,可能是男生更擅长于抽象的理性思维而致.

表3.9 教师MPCK均值及性别差异分析

	MK	CK	PK	TK
男($N=107$)	3.19	3.11	3.16	3.02
女($N=241$)	3.06	3.18	3.23	3.05
差异值	0.13	-0.07	-0.07	-0.03
t统计量	2.252	-1.213	-1.060	-0.417
P值	0.025	0.226	0.290	0.677

利用各维度下的所有选项题目深入探究性别差异,结果如表 3.10 所示,男女教师仅对 MK1、MK2、MK3 变量存在显著的性别差异,其他所有选项均不存在性别差异.值得强调的是,男教师 MK 的 6 个平均分值都远远大于女教师,在 MK1~MK3 上的优势更鲜明,但在 CK、PK、TK 总体分值男教师均低于女教师的情况下,三个维度都出现了其相应第一变量分值男教师大于女教师的现象.回溯原始题干的主要含义,MK1:对《全日制义务教育数学课程标准》的领悟;MK2:对数学概念、定理等本质属性的认识;MK3:对数学史料的掌握;CK1:对数学学科核心素养的理解;PK1:数学教育教学知识的储备;TK1:基本师范技能.容易发现,男教师对数学本质、数学思想方法的认识以及对新课标等改革理念的意识比女教师更深刻,更重视数学内容自身的内部逻辑和严密体系结构,比较而言,女教师更强调语言表达、教学情境设置等,情感化更丰富,男女教师思维方式的显著差异再次得到证实.

表 3.10 教师 MPCK 四个维度均值及性别差异比较

	MK						CK	PK	TK
	MK1*	MK2*	MK3*	MK4	MK5	MK6	CK1	PK1	TK1
男	3.16	3.48	3.00	3.38	2.91	3.24	2.93	3.18	2.94
女	2.98	3.29	2.76	3.34	2.74	3.23	2.80	3.12	2.90

* 表示男女教师在该变量上存在显著差异.

调研考察的终极目标是丰富和完善教师的 MPCK,为此进一步剖析教师 MPCK 的来源差异,结果如表 3.11 所示.由表 3.11 可知,男女教师对四个维度的主要认知来源都是 D(交流)、E(教学反思)、B(专业教育),其次是 C(专业活动)和 A(学生学习经历),最弱的是 H(继续教育)、G(课题研究)、F(学校管理).也就是说,交流、反思、师范职业教育仍然是教师专业成长的主要途径,相比之下,教育行政部门和中小学校都高度重视的各级各类教学竞赛,以及几乎所有学校都精心组织的每周一次集体教研,对教师 MPCK 的影响程度却普遍低于教师们的非正式交流和自我教学反思,课题研究和学校教学管理的影响效应更弱,尤其需要注意的是,继续教育在各维度中都是分值最小的一项. 那么,上述教研、教学比赛、教改研究、职后培训等专业活动是否真正适合中学教师的需求?如何增强活动的实效性和针对性而非流于形式,以免其沦为评优晋级的工具,是教育学界值得深入思考的问题. 同时,基于性别层面分析教师 MPCK 的来源,双侧 t 检验显示各维度不存在显著的性别差异. 从平均分值来看,女教师在 F(学校管理)项的分值明显高于男教师,在 E(教学反思)、G(课题研究)上普遍低于男教师,这与女教师日常工作相对细致认真的特点较为吻合一致.

表 3.11 教师 MPCK 来源方式的均值及性别差异比较

选项	MK 来源		CK 来源		PK 来源		TK 来源	
	男	女	男	女	男	女	男	女
A	3.01	2.97	2.98	2.98	2.84	2.96	2.86	2.88
B	3.11	3.00	3.06	2.93	3.00	3.00	2.96	3.01
C	2.95	2.93	2.99	2.89	3.02	2.97	2.93	2.95
D	3.16	3.23	3.12	3.15	3.10	3.09	3.07	3.03
E	3.15	3.05	3.12	3.07	3.11	3.09	3.16	3.00
F	2.78	2.81	2.75	2.83	2.87	2.88	2.79	2.91
G	2.70	2.59	2.78	2.66	2.78	2.75	2.80	2.70
H	2.51	2.47	2.56	2.56	2.64	2.63	2.71	2.71
列值排序	D>E>B>A>C>F>G>H		D>E>B>A>C>F>G>H		E>D>C>B>A>F>G>H		E>D>B>C>A>F>G>H	

表中来源方式 A~H 的具体含义(下同)可参见 3.5.1.

(2) 教龄差异比较

调查问卷把教师教龄分为四个阶段:1~3 年、4~9 年、10~19 年和 20 年以上,分析发现,前两组教师 MPCK 各维度的平均分值差异极小,后两组也存在类似情形,故对其进行重新整合,前两组合并为组 1:教龄 1~9 年,后两组记为组 2:教龄 10 年以上. 对两组教师的 MPCK 分值进行单因素方差分析,结果如表 3.12~表 3.14 所示. 由表 3.12 可知,不同教龄组别下 MPCK 各维度方差齐性检验 Levene 统计量的概率 P 值均大于显著性水平 0.05,说明方差是齐性的,满足方差分析的前提条件.

表 3.12　不同教龄组别教师 MPCK 均值的方差齐性检验结果

	Levene 统计量	$df1$	$df2$	显著性
MK	0.865	1	346	0.353
CK	0.594	1	346	0.442
PK	0.025	1	346	0.875
TK	0.386	1	346	0.535

表 3.13　不同教龄组别教师 MPCK 均值的单因素方差分析结果

		平方和	df	均方	F	显著性
MK	组间	0.089	1	0.089	0.287	0.592
	组内	107.058	346	0.309		
	总数	107.147	347			
CK	组间	0.438	1	0.438	1.541	0.215
	组内	98.373	346	0.284		
	总数	98.811	347			
PK	组间	0.115	1	0.115	0.373	0.542
	组内	106.365	346	0.307		
	总数	106.479	347			
TK	组间	2.623	1	2.623	8.352	0.004
	组内	108.689	346	0.314		
	总数	111.312	347			

表 3.14　不同教龄组别教师 MPCK 均值及差异比较

	MK	CK	PK	TK
组 1 ($N=159$)	3.11	3.14	3.19	3.21
组 2 ($N=189$)	3.07	3.22	3.24	2.99
差异值	0.04	−0.08	−0.05	0.22

根据表 3.13,两个教龄组别仅在 TK 维度存在显著差异,其余各维度对应 F 统计量的 P 值均大于 0.05,不存在统计意义上的显著差异.进一步观察表 3.14 可知,教龄较短的组 1 的 TK 均值远远高于教龄较长的组 2,在 MK 维度也是组 1 的教师略胜一筹.究其原因,组 1 教师学历整体较高,新入职教师大

部分是硕士研究生,不仅学科基础扎实,对前沿知识涉猎广泛,而且具有较强的现代信息技术意识,能够熟练驾驭数学教学软件等教育工具. 而随着教龄的增加,教师教学技能日趋完善,教学经验更加丰富多彩,其 CK、PK 认知明显增长,但也可能会出现接受新技术慢、知识理解思维固化等现象,从而导致 TK 和 MK 的弱化.

为追溯不同教龄组别下教师 MPCK 来源方式的差异,对 8 个来源选项分别计算 2 个组别四维度的算术平均值,结果如表 3.15 所示. 设定教龄组别和来源方式为控制变量,MPCK 来源方式均值为观测变量,对表 3.15 的数据进行无重复双因素方差分析,既考查不同教龄组别教师对各来源的评价是否存在显著差异,也可以考察不同来源方式对 MPCK 发展的贡献是否存在显著差异,结果如表 3.16 所示.

表 3.15　不同教龄组别教师 MPCK 来源方式的均值

	A	B	C	D	E	F	G	H
组 1	3.12	3.10	2.94	3.26	3.16	3.06	2.84	2.78
组 2	2.89	2.97	2.94	3.08	3.05	2.78	2.67	2.55

表 3.16　不同教龄组别教师 MPCK 来源方式的无重复双因素方差分析结果

差异源	平方和	df	均方	F	显著性
行(教龄组别)	0.108	1	0.108	28.408	0.001
列(MPCK 来源方式)	0.412	7	0.059	15.535	0.001
误差	0.027	7	0.004		
总计	0.547	15			

a. $R^2 = 0.951$(调整 $R^2 = 0.896$).

根据表 3.16,调整可决系数 R^2 接近 0.9,模型拟合非常理想. 同时,对于行差异和列差异,都有相伴概率 P 值远远小于 0.05,说明 2 个教龄组别教师对各来源选项的认识以及 8 种来源方式对 MPCK 的贡献都存在显著性差异. 利用最小显著性差异 LSD 法对两水平均值进行多重比较检验,证实了不同对应间的差异态势,为直观显示其实际差异,表 3.17 对四个维度下 2 个组别中存在显著差异的具体来源选项进行了汇总整理,省略了不存在显著差异的来源方式. 由表 3.17 可知, 不同教龄组别对来源认知的差异主要集中在 D(交流)、F(学校管理)和 H(继续教育), 其次是 A(学生学习经历), 而且全部选项都是组 1 的均值高于组 2, 说明年轻教师具备主动自觉的交流分享愿望、极高的工作热情和强烈的继续教育专业成长意识, 相比之下, 老教师们容易因为工作的日益单调重复、烦琐枯燥等失去积极性和新鲜感, 随着教龄的增长而陷入轻车熟路不再自我挑战的职业倦怠期. 当然, 组 1 在 C(专业活动)、G(课题研究)和 E(教学反思)选项的分值多数弱于组 2, 意味着年轻教师要勤思考、多琢磨教育教学改革理论和课堂实践需求, 在日常教学工作高质量达标的前提下, 努力缩小与专家型和学术型卓越数学教师之差距.

表 3.17 四个维度下不同教龄组别教师存在显著差异的具体来源方式比较

维度	来源方式	组 1	组 2	差异值	t 统计量	显著性
MK 来源	D	3.38	3.16	0.22	2.396	0.017
	F	3.01	2.74	0.27	2.937	0.004
	H	2.74	2.41	0.33	3.135	0.002
CK 来源	A	3.18	2.93	0.25	2.464	0.014
	D	3.27	3.10	0.17	1.811	0.034
	F	3.01	2.74	0.27	2.748	0.006
	H	2.72	2.52	0.20	1.942	0.044
PK 来源	A	3.12	2.87	0.25	2.426	0.016
	D	3.16	2.96	0.20	2.259	0.024
	F	3.12	2.81	0.31	3.065	0.002
TK 来源	A	3.12	2.81	0.31	2.967	0.003
	D	3.22	3.00	0.22	2.30	0.022
	F	3.09	2.81	0.28	3.251	0.001
	H	2.88	2.66	0.22	2.069	0.041

(3) 任教学校差异比较

调查问卷设定的教师任教学校分为四类:省级学校、市区学校、县级学校和农村学校,以此为控制因子对 MPCK 四个维度分值进行单因素方差分析.首先进行方差齐性检验,结果如表 3.18 所示,MK 维度的方差是非齐性的,不适宜于采取方差分析方法,故另选取多独立样本的非参数检验,通过 SPSS 系统支持的 Kruskal-Wallis、Jonckheere-Terpstra 和中位数三种方法进行检验,结果均显示四个组别在 MK 维度不存在显著差异.对于 CK、PK 和 TK 维度,Levene 统计量的 P 值均大于 0.05,满足方差齐性的分析条件,对其进一步进行单因素方差分析,结果如表 3.19 所示,可以发现,不同任教学校的教师组别在 CK、PK 两个维度存在显著差异,TK 维度不存在统计意义上的显著差异.

表 3.18 不同任教学校教师 MPCK 均值的方差齐性检验结果

	Levene 统计量	$df1$	$df2$	显著性
MK	3.193	3	344	0.024
CK	1.232	3	344	0.298
PK	1.466	3	344	0.224
TK	1.032	3	344	0.379

表 3.19 不同任教学校教师 CK、PK、TK 均值的单因素方差分析结果

		平方和	df	均方	F	显著性
CK	组间	2.329	3	0.776	2.768	0.042
	组内	96.482	344	0.280		
	总数	98.811	347			
PK	组间	2.220	3	0.740	2.442	0.064
	组内	104.259	344	0.303		
	总数	106.479	347			
TK	组间	1.754	3	0.585	1.836	0.140
	组内	109.558	344	0.318		
	总数	111.312	347			

为直观认识四组教师 CK、PK 的显著性差异,以及 MK、TK 的非显著性差异,作其均值折线图,如图 3.16 所示.根据图 3.16,省级学校和市区学校的四个变量值略有区别、相差不大,从市区学校到县级学校和农村学校整体明显呈下降趋势,并且 CK 和 PK 的波动幅度远远大于 MK 和 TK 的波动幅度,其显著

性差异由此可见一斑.究其原因,无论是哪类学校的教师,都非常注重准确理解和掌握数学基本知识,这是课堂教学的首要前提;同时,县级和农村学校的数学教师目前也基本上都是本科毕业,教师的专业理论素养不容置疑,故 MK 变量的差异不明显.相比之下,从对学生数学学习的预设和教学教法的视角来看,各类学校的要求和重视程度不一,学校的级别越高,越注重数学核心素养与具体教学内容的关联度,教师

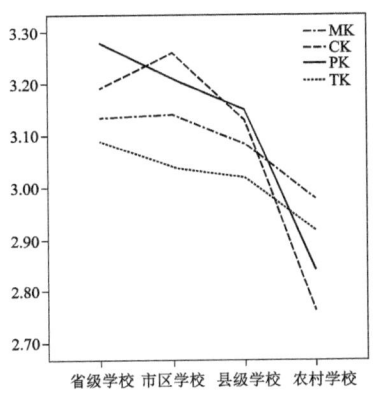

图 3.16　不同任教学校教师 MPCK 的差异

的授课形式越灵活.对于县级和农村学校,尤其是农村学校,传统教学的影响根深蒂固,教学的主要任务是"育知",尚未达到"育人"层面,故 CK 和 PK 维度差异显著.

对不同任教学校教师 MPCK 的 A~H 8 个来源进行单因素方差分析,结果显示具有显著差异的是 C(专业活动)、G(课题研究)和 H(继续教育)三个因素,其均值折线图如图 3.17 所示.与各级学校教师对 MPCK 的认知相呼应,从市区学校到县级和农村学校,对三个来源因素的评价也是整体下降.事实上,根据当前的教育管理制度,学校的层次越低,教师参加各级教学技能竞赛和申报课题研究的机会越少,特别

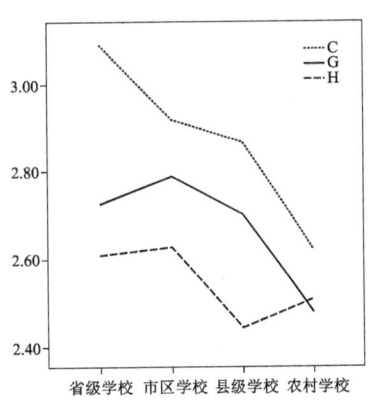

图 3.17　教师 MPCK 来源方式的差异比较

是农村学校,要经过校级、县级,再到市级的层层选拔,参与一些专业研讨活动的概率相对较低.但值得注意的是,农村学校教师在 H(继续教育)选项的分值高于县级学校教师,这要得益于教育部组织的国培、省培等培训项目,对农村学校给予了政策倾斜和特别支持,使该部分教师受益匪浅.

需要强调的是,当尝试分组讨论四类学校时,无论是把市区、县级和农村学校并为组 1 与省级学校设为组 2 进行对比研究,还是把省级、市区学校并为组 1、县级和农村学校并为组 2 进行比较,四个维度分值均不存在显著性差异;但若把省级、市区和县级学校并为组 1 与农村学校设为组 2 进行对比,结果表明,对于 MK、CK、PK、TK 四个维度,包括每一维度下的几乎所有选项,以及相应的 8 个来源方式,都存在显著差异.换言之,四类学校中,前三类学校之间的差距相对较小,而农村学校和上述学校,甚至和县级学校的差异也是显而易见的,图 3.16 中四个变量从县级学校到农村学校所呈现的大幅下降态势正是对此差距的例证.

(4) 基于教师任教级段、年龄、学历、毕业院校等因素的 MPCK 差异比较

当基于教师的年龄、职称、学历、毕业院校和任教级段等因素研究其 MPCK 差异时,统计分析表明,四个维度总体上均不存在显著差异,但细致剖析某些选项的具体分量时,却存在显著性差异,统计结果如表 3.20 所示.如高

表 3.20 基于职称、毕业院校和任教级段等因素的教师 MPCK 差异分析

影响因素 1	变量维度	影响因素 2	变量维度		影响因素 3	变量维度	影响因素 4	变量维度		
任教级段	MK2	年龄	TK3	TK4	学历	MK4	毕业院校	CK3	PK2	PK4
高中教师	3.48	40 岁以上	2.91	2.89	本科及以上	3.37	师范	3.19	3.28	3.29
初中教师	3.30	20~39 岁	3.07	3.05	中专和大专	3.15	非师范	3.09	3.21	3.20
差异值	0.18	差异值	-0.16	-0.15	差异值	0.22	差异值	0.1	0.07	0.09
t 统计量	2.19	t 统计量	-2.096	-2.038	t 统计量	1.89	t 统计量	0.423	0.78	0.494
P 值	0.03	P 值	0.037	0.042	P 值	0.04	P 值	0.045	0.000	0.042

中教师的 MK2 分值显著高于初中教师,表明高中教师更注重挖掘数学知识和思想方法的本质特征;不同年龄的教师在 TK3、TK4 选项上存在显著差异,年

龄越大,对数学教学软件和现代信息技术的操作能力越弱,此处与教龄、学历等因素体现的 TK 差异相吻合;不同学历教师的 MK4 变量存在显著差异,学历越高,对数学相关知识点之间的内在联系把握越深刻;师范院校和非师范院校毕业的教师在 CK3、PK2 和 PK4 方向都存在显著差异,综合上述三个选项的含义,无论是对学生可能会出现的思维障碍进行预判,还是基于学生的课堂表现,适时调整教学方法,以及科学进行教学设计和评价反思的能力方面,师范院校毕业的教师都胜出一筹.

(5) 研究结论与启示

① 教师 MK、CK、PK、TK 的显著差异与其不同背景信息密切相关.

对于四个维度整体而言,教师 MK 维度存在显著差异时的对应控制因子是性别变量,男教师在 MK1~MK6 各个层面对数学知识的理解和掌握都优于女教师.教师 CK 和 PK 维度存在显著差异时的对应控制因子是任教学校类型,从省市级学校到县级学校,再到农村学校,教师的 CK 和 PK 整体下降,而且下降幅度越来越大.教师 TK 维度存在显著差异时的对应控制因子是教龄长短,10 年以内教龄的教师相比 10 年以上教龄的教师,其 TK 变量平均高出 0.22 分,该差异是同等情况下其余三个变量差异的 3~5 倍.性别、任教学校和教龄三个因子变量恰好对应了 MK、CK、PK、TK 四个维度,彰显了教师 MPCK 的差异本质上与教师自身不同背景信息的高度相关性.同时,当考察教师的年龄、学历、是否师范院校毕业、是任教于初中还是高中等因素时,不同类型的数学教师,在四个维度的某些分量上也对应呈现出极具实际意义的显著区别.因此,影响中学数学教师 MPCK 的主要因素是性别、任教学校和教龄,次要因素是任教级段、年龄、学历和毕业院校的性质.

② 结合教师群体特征,突破固化的来源方式,有的放矢发展教师 MPCK.

当考察教师 MPCK 各种来源方式的影响程度时,不同教师的认知来源各有侧重,如 F(学校管理)选项对女教师的影响要重于对男教师的影响;本科以下学历的教师对 B(专业教育)和 E(教学反思)方式的依赖程度要远远低于本科和研究生学历的教师;越年轻的教师,在专业成长中越更重视 A(学生学习经历)和 D(交流);省市级学校教师在 C(专业活动)和 G(课题研究)选项的分值平均比农村教师高出 0.3~0.5 分等. 但总体上看,对于所有教师来说,A~H 8 个选项影响效应的大小排序极其相似,影响程度最强的因素是 D(交流)、E(教学反思)、B(专业教育),最弱的是 H(继续教育)、G(课题研究)、F(学校管理),这种相对稳定的强弱顺序一方面反映了教研活动、教改课题研究、继续教育学习与中学教师真实需求的不匹配性,同时也揭示了中学数学教师 MPCK 来源方式的普遍固化、教学思想的墨守成规和教育理念的陈旧僵化,这是制约其专业成长的主要障碍. 因此,教师们要结合自身的实际情况,积极主动地探求发展 MPCK 的空间和机会,力争有效缩减各类型、各层面教育实践活动与现实中学数学教学的对接距离.

首先,尊重并充分利用不同性别的思维特点和心理规律,女教师通过教学技能竞赛、阅读专业书籍和理论思考强化自身对数学知识本质和纵横联系的理解,男教师通过规范认真的常规教学工作提升 CK 和 PK. 其次,对年轻教师和非师范院校毕业的教师组织严格的入职培训,多创造机会使其积极参与教育教学改革课题研究、教研活动、教学技能比赛和学术讲座等,引导他们注重凝练数学教育思想和丰富教学方法;老教师应努力摒弃一成不变的教学模式,保持和同事交流分享、继续教育和终身学习的热情,大胆接受和启用现代信息技术工具,尽可能减小与年轻教师的 TK 差距. 再次,学历较低的教师,应积极争取系统的继续教育学习机会,如国培计划、省培计划培训,以及本地的教师教育培训等,通过理论和实践、学科专业知识和教育教学理念的多重反思,从根本上弥补不足,发扬优势. 最后,也是最重要的一点,就是所有教师都应该解放思想、认真思考,积极采取灵活多样的有效措施,克服固化的 MPCK 来源方式,切实增强 MPCK 专业发展的针对性和有效性. 如结合课堂教学中的问题情境与实际困惑提炼课题方向,可大大提高教改研究的实效性和有用性;在日常教学工作和继续教育学习中认真把握个人研究的兴趣点和关注点,使理论、实践和应用融为一体.

③ 国家教育方针的直接引领是教师 MPCK 及其自身专业发展的重要保障.

对于教师 MPCK 的专业发展,教师自身的主观发展意识是内因和决定性因素,国家教育方针政策的引领则是必不可缺的外因和保障性因素.国家对教师终身学习理念的树立和宣扬,通过高屋建瓴、谋篇布局的宏观调控,加强对各类继续教育培训的设计和安排,使培训内容和学员需求无缝对接.对于农村教师的专业成长,除了个人和学校的积极努力,更需要国家政策的直接扶持,包括教师待遇、职称评审措施等,使其能够放心、用心、安心地自我发展.

延伸阅读 统计学科普读物简评

在当前信息爆炸的时代背景下,统计学作为搜集、处理、分析、解释社会活动数量表现和数量关系的方法论科学,被广泛应用到经济学、社会学、教育学、管理学、气象学、医学、农业、水文和军事等诸多领域,已成为整合和挖掘数字、文字、图像、音频、视频等不同来源、不同形式大数据的重要工具,故越来越多的非统计学专业人士需要了解统计学的思想方法、通晓统计学的基本原理. 切实开发统计兴趣、高效提升统计素养的最佳途径就是阅读浅显易懂、幽默风趣的统计学入门书籍,北京邮电大学李亚杰老师曾介绍了《女士品茶》《统计陷阱》《漫画统计学》《机会的数学》和《爱上统计学》五本有趣的统计通俗读物,笔者下面推荐几本以诠释大数据时代统计思维和技术变革为核心思想的科普书.

1 《看穿一切数字的统计学》

当今世界的每一个角落和人生的每一个瞬间都离不开数据,让数字说话是人们判断、研究问题的基础和前提,那么,数据完全可信吗?其背后的真相到底是什么?为识别海量数据中哪些数字在巧妙地引导你步入误区,《看穿一切数字的统计学》(图1)以统计学是大数据时代最牛的学问开篇,通过设置和解读一系列源于实际生活的医学决策和商业经营问题,如一个简单的举措就能拯救 10 万人的生命吗?改变投

图1 《看穿一切数字的统计学》

放广告单的方式就能赚取 60 亿日元？"一次购买两台缝纫机可以打九折"真的能够增加销量吗？等等. 系统阐述了统计学的意义、合理的抽样调查设计、古典统计方法的局限和弊端、随机对照试验的发展历程和广泛应用、可以应对一切问题的现代统计学思考方法等. 作者对统计学基础知识和重要理论的综述直观、清晰、简洁, 比如, 第五章列出的"涵盖广义线性模型的一张图表", 第六章关于贝叶斯后验概率的图表解释, 都非常有助于理解统计学的整体概念和思想, 即使统计学专业人员也受益匪浅. 同时, 该书系统总结了统计学方法的 6 大基本特征, 即社会调查专家侧重于把握生活动态状况、流行病学家和生物统计学家致力于探究病因、心理统计学家注重检测抽象概念、数据挖掘专家更多使用机械化分类、文本挖掘专家重点进行自然语言的分析处理、计量经济学家关心演绎等, 作者利用简单明了的通俗语言, 通过具体案例比较了上述方法的异同, 并强调方法本身无优劣之分, 关键在于明确统计立场. 全文特别注重诠释大数据的含义及其相关处理方法, 冷静分析了目前比较流行的数据挖掘之应用前景和缺憾.

《看穿一切数字的统计学》不是专业工具书, 也不是细致讲授统计方法的教科书, 全文没有给出统计学的定义, 没有解释如何统计数据, 而是以大数据时代, 没有统计学思维的人必将吃大亏为出发点, 首先论述统计学可信的缘由, 然后展望统计学可以达到的分析目的, 最后概述研究过程中产生的误差和错误, 以及如何效验等. 该书以此为主线, 行文逻辑清晰、环环相扣, 旨在阐述统计学的重要性、如何培养统计思维, 以及统计学在生物、医学、经济学和社会学领域的实用价值, 是一部真正教会大家运用统计学思维解决现实问题的指导性、方法论著作, 值得统计研究者、统计学教师、相关专业的大学生和研究生、管理阶层、销售人员等诸多领域的人士一读.

2 《赤裸裸的统计学》

《赤裸裸的统计学》(图 2) 首先抛出一系列极其贴近生活的实际问题引领读者入门, 如吸烟与癌症相关吗？如何通过击球率评价棒球运动员？哪些人最有可能是恐怖分子？如何利用小概率事件识别考试作弊？等等. 然后以阐述平均数、中位数、百分位数、标准差、方差、概率、期望、相关和相关系数等基本概念为出发点,细致描绘了美国电视游戏节目《让我们做个交易》关于选择1、2、3号门中大奖的"蒙提·霍尔悖论",分析了"黑天鹅"事件中,美国金融行业的风险晴雨表 Var 模型如何以1%的小概率风险毁掉华尔街乃至全球金融体系,逐渐深入到中心极限定理,并通过亚特兰大统考作弊丑

图 2 《赤裸裸的统计学》

闻、垃圾邮件过滤、癌症筛查和恐怖分子追捕等实例诠释了零假设、备择假设,以及统计推断和假设检验的思想. 马克·吐温说,谎言有三种:谎言、该死的谎言,以及统计学. 作为《经济学人》的资深记者,作者查尔斯·惠伦不仅系统概括了选择性偏见、发表性偏见、记忆性偏见、幸存者偏见和健康用户偏见等常见的数据说谎现象和缘由,而且进一步解释了回归分析、线性关系的含义,具体归纳了使用线性关系式拟合非线性关系、相关关系混淆和等同于因果关系、因果倒置、遗漏重要变量、严重的多重共线性、脱离数据进行推断、变量过多的数据矿行为7种致命的回归错误. 最后,该书精心设计了随机控制试验、自然试验、非对等对照试验、差分类差分试验、不连续分析试验5种情形下的项目评估与反现实(即对照组)方案,并通过探究分析职业橄榄球运动员的头部损伤状况、孤独症患者数量激增原因、优秀教师和优质学校的评价与奖励方案、全球贫困现象的解决途径、信息挖掘等社会学、医学和教育学问题,概述了统计学广阔的用途.

《赤裸裸的统计学》无意于挖掘统计学的内在美感和严谨体系,重点关注统计学本身的现实意义和广泛的应用性,给出了一些有趣的统计结论,如精确的信息未必比准确的信息更有效、对工作缺乏控制力和话语权的普通政府工

作人员更容易得心脏病等.从写作的角度而言,该书完全抛开了枯燥的理论和空洞乏味的教科书式讲解,主体部分提纲挈领,盘根错节的细节推证和数学公式以附录形式补充在章节末尾.作者力图通过幽默俏皮的笔法、生动诙谐的语言、简单直观的图表、妙趣横生的案例、绘声绘色的叙述,把复杂的、貌似艰深的统计学简单化、浅显化,以层层剥开其繁复的外壳,并揭示大数据的神秘面纱和沉闷外衣,让学科魅力毕现.

3 《大数据时代下的统计学》

图 3 《大数据时代下的统计学》

与我国学者翻译的上述外国作品截然不同,《大数据时代下的统计学》(图 3)由我国留学瑞典的统计学博士杨轶莘完成.其语言组织和写作手法更贴近中国人的阅读兴趣,全篇对娱乐圈故事、"剩女"和相亲市场、女博士愁嫁、自拍杆和蓝牙耳机、白狐、iPhone 6 和房价等略带小资的流行话题娓娓道来,令读者在莞尔一笑的愉悦氛围中渐悟统计知识.书中字里行间透露着年轻学者的清新思想和调皮亲切,如作者借助于名门闺秀、国民初恋、小家碧玉、清新萝莉等时髦语言界定 SAS、SPSS 等统计软件的基本特征,利用"尝一勺锅里的靓汤"形容抽样,把数据可视化比喻为"云想衣裳花想容",使用"傻傻分不清"凸显标准差和标准误的细微区别,通过"早起的鸟儿有虫吃"解释相关性分析等,不仅形象贴切,而且生动活泼,融晦涩深奥的统计学原理和浓厚的文学色彩为一体,可作为我国高等院校统计学、金融学、经济学和财会等专业本科生、研究生,以及业界、学术界相关研究人员首选的专业辅助书籍之一.

《大数据时代下的统计学》最鲜明的特色是在数据为王的时代背景下,诠释与大数据息息相关的统计学,通过案例、知识点、分析解读的递进结构行文模式,探讨大数据和统计学的显著差异性和密切相关性.作者以王老吉状告加多宝、淘宝卖家评分体系、外滩踩踏悲剧、救护车垄断业务、腾讯考试题目、中关村创业者平均年龄、大数据和途牛网等社会热点问题为明线,幽默、轻松地讲解了随机性和概率的定义、相关关系和因果关系、简单随机抽样和样本分类、响应误差的有效性和可靠性、均值、中位数和四分位数等描述性概念、正态分布、大数定律和中心极限定理、统计推断和假设检验、相关分析和方差分析、最小二乘法和回归分析、极大似然估计和条件概率等统计学基础理论,更以大数据时代传统统计学工作方式、思维模式和研究思路的创新为暗线,系统探讨了统计学技术与大数据处理方法的异同,概述了大数据时代搜集数据、提炼有价值信息并进行有效统计推断与合理猜测的基本步骤,尤其以开放、包容的态度解读了经典统计理论与实践应用案例的有机结合,挖掘了大数据巨大的商业价值,引领读者借助新颖的专业统计软件感悟大数据的美感、洞察力和决策力.

除此之外,美国统计专家达莱尔·哈夫20世纪50年代出版的传世之作《统计数字会撒谎》也是广受欢迎的统计学科普书,其关于"编造虚假信息"的话题引发了美国权威媒体的激烈争论和持续关注.该书在世界的影响力亦经久不衰,它不断再版并被翻译成多种文字,销售量一度高达100万册,是经济学和商业人士、数学和统计学爱好者等研修人员的重要入门必修书,查尔斯·惠伦对该书推崇备至.近年来,我国学者还陆续翻译了国外的一些著名统计作品,如《统计数据的真相》《数字里的谎言》《深入浅出统计学》《白话统计学》《大数据时代:生活、工作与思维的大变革》等.中国统计出版社2011—2014年推出的系列丛书《无处不在的统计》,以解决我国商业、社会、生活等领域的实际问题为主旨,内容涉及大数据的处理、统计模型的构建、统计综合评价方法的应用等,实用性和可操作性强,有助于高屋建瓴地引领全民统计素质的提升.

第4章 大数据背景下基于统计模型的经济问题分析

近年来,"大数据"一词越来越多地被提及,从电子商务到物流配送,从教育信息到游戏竞技,各行各业在互联网上的数据可谓爆炸式增长.现在一天内发送的邮件可达 2940 亿多封,几乎比一个国家两年内的所有纸质信件数量还多;每天发布的社区帖子可达 200 万个;每天手机的销售量将近 40 万部;各类广告更是不计其数.面对类型繁多、高速度、低密度、信息海量的大数据,为读懂、分析提炼其真实可靠的价值,统计在各行业的应用必定更加广泛,所采用的统计模型和技术方法也将和各领域专业知识结合得更为紧密,从而才能高效、准确地从海量历史数据中获取最有价值的信息.

本研究依托统计学中的线性、非线性模型,以及时间序列分析、多元统计分析等相关方法,利用专业统计工具,对房地产价格、居民消费价格指数 CPI、国内生产总值 GDP 等经济指标,以及与此相关的社会消费品零售总额、农业总产量和人口增长率等数据序列,进行精准统计分析,并探究其相关性,以合理预测各经济指数的发展态势,深入分析国家经济运行的内在特征和总体趋势.

4.1 基于季节调整和时间序列模型的房价波动研究

自货币化和市场化住房制度实施后,全国各地的房价持续走高且波动剧烈,从 1998 年房改开始到 2010 年的 10 多年间,我国的房价指数年平均涨幅维持在 1% 左右;随后的短短几年内,则迅速上涨到 5% 左右;北京、上海、深圳等一线城市更是房价暴涨,年平均增长率甚至高达 20%.房价的快速增长不仅催生了房地产投资增长过快、过热、居民生活压力过大等诸多社会问题,而且直接影响到国家经济运行的稳定性.房价始终是热点问题,学界基于各类统计模型探讨房价波动问题,考虑到国家统计局公布的"国房景气指数"是反映我国房地产业基本运行状况和发展变化趋势的重要统计指标之一,在计算指标数值时首先进行了季节因素调整,故利用 X-12-ARIMA 方法分析房价的季节波动特征是可行的技术路线.本研究综合运用 X-12-ARIMA 模型和时间序列GARCH 族模型,实证分析并适度预测房地产价格的总体发展态势.

4.1.1 季节调整模型和时间序列模型简介

(1) X-12-ARIMA 模型

作为目前比较成熟和应用最广泛的季节调整方法,X-12-ARIMA 模型由美国普查局季节调整首席研究员 1998 年在 X-11 过程基础上编制,大致分为两个阶段.第一阶段主要是建立预调整模块 regARIMA,利用带回归元的 ARIMA模型对原始数据做丰富的预处理,包括检测、修正各类异常值和离群值,估计、消除历法效应,然后提供向前预测和向后预测,以保证数据的完整性;第二阶段主要是把第一阶段所产生的回归误差导入 X-11 模块进行季节调整,生成季节指数,并对季节调整效果进行严格的诊断检验.模型的基本形式为

$$\phi(B)\Phi(B^s)(1-B)^d(1-B^s)^D x_t = \theta(B)\Theta(B^s)\varepsilon_t.$$

其中,B 为滞后算子,s 为季节周期,d、D 分别是非季节差分次数和季节差分次数,$\phi(B)$、$\Phi(B^s)$ 表示非季节和季节性自回归系数多项式,$\theta(B)$、$\Theta(B^s)$ 则表示非季节和季节性移动平均系数多项式,$\{x_t\}$ 是原始时间序列,$\{\varepsilon_t\}$ 是零均值白噪声序列.

X-12-ARIMA 模型也称为 X12 季节调节模型,主旨是利用计算机程序化分解时间序列的趋势特征、季节效应和随机波动,是当前商业、金融、统计等各领域使用频率最高的因素分解模型.X12 模型是在 X11 模型的基础上,结合 ARIMA 模型改进加工而成的,其核心技术仍然是 X11 模型的三种移动平均方法——简单移动平均、Henderson 加权移动平均、Musgrave 非对称移动平均,及其对应的三阶段十步骤迭代分解过程.其建模步骤是:首先考察序列的平稳性

和随机性,依据其趋势和季节因素的交融关系,以及自相关系数和偏自相关系数的拖尾、截尾特征,经过对模型的识别定阶、参数估计、检验优化等系列过程,拟合相对最佳的 ARIMA 模型;然后基于 X11 模型的重复迭代运算机制,由计算机自动对拟合模型进行向前、向后预测,进而达成高精度的因素分解.

随着 X-12-ARIMA 软件在控制季节调整效果、处理异常值和识别季节模式等方面展现的优势,学者们纷纷根据本土化传统节日因素,研发和使用凸显本国特色的 X-12 程序,基于 X-12 季节调整技术研究粮食价格和物价波动等.

(2) GARCH 族模型

① ARCH 模型和 GARCH 模型.

1982 年,在研究因工资上涨所导致的通货膨胀现象时,为刻画物价指数序列显著的集群波动效应,美国统计学家恩格尔首创了条件异方差 ARCH(q) 模型,其结构式为

$$\begin{cases} x_t = f(t, x_{t-1}, x_{t-2}, \cdots) + \varepsilon_t, \\ \varepsilon_t = \sqrt{h_t} e_t, \\ h_t = \lambda_0 + \sum_{i=1}^{q} \lambda_i \varepsilon_{t-i}^2. \end{cases}$$

其中,$f(t, x_{t-1}, x_{t-2}, \cdots)$ 拟合序列的确定性信息,h_t 描述其异方差性,$e_t \sim N(0, \sigma^2)$. 同时,参数满足约束条件:$\lambda_0 > 0$;$0 \leq \lambda_i < 1, i = 1, 2, \cdots, q$;且 $\sum_{i=1}^{q} \lambda_i < 1$.

若扰动项的方差函数显示出长期自相关特征,直接拟合 ARCH 模型需要较高阶数,为减少待估参数、提高估计精度,1986 年,恩格尔的学生、经济学家波罗斯莱姆提出,增加异方差函数 h_t 的自相关性,把 ARCH 模型调整为

$$h_t = \lambda_0 + \sum_{j=1}^{p} \eta_j h_{t-j} + \sum_{i=1}^{q} \lambda_i \varepsilon_{t-i}^2,$$

其余结构式不变,参数约束条件为:$\lambda_0 > 0$;$0 \leq \lambda_i < 1, i = 1, 2, \cdots, q$;$0 \leq \eta_j < 1, j = 1, 2, \cdots, p$;$0 \leq \sum_{i=1}^{q} \lambda_i + \sum_{j=1}^{p} \eta_j < 1$. 这就是广义自回归条件异方差 GARCH($p, q$) 模型,显然,ARCH($q$) 模型即特殊的 GARCH($0, q$) 模型.

② EGARCH 模型.

GARCH 模型要求方差必须非负、无条件方差平稳,从而严格限定了参数非负且有界的约定条件,为拓宽模型适用情形,对 GARCH 模型两边取对数,将参数值放宽到任意范围. 同时,GARCH 模型对正负扰动反应是对称的,为反映金融领域常见的盈利、亏损等正负信息的不对称性,Nelson 还引入了加权扰动函数,最终构建了指数 EGARCH 模型,其结构式为

$$\begin{cases} x_t = f(t, x_{t-1}, x_{t-2}, \cdots) + \varepsilon_t, \\ \varepsilon_t = \sqrt{h_t} e_t, \\ \ln h_t = \lambda_0 + \sum_{j=1}^{p} \eta_j \ln h_{t-j} + \sum_{i=1}^{q} \lambda_i g(e_{t-i}), \\ g(e_t) = \theta e_t + \gamma [|e_t| - E|e_t|]. \end{cases}$$

其中,$e_t \sim N(0,1)$,$E|e_t| = \sqrt{2/\pi}$,通常取 $\gamma = 1$.

③ GARCH-M 模型.

为评估金融投资者必须面对的风险溢价问题,1987 年,恩格尔等统计学家创建了依均值 GARCH-M 模型. 其指导思想是:序列均值和条件方差具有一定的相关关系,假设均值一定程度地依赖于序列的波动性,把条件标准差增添为附加回归因子进行模型改良,GARCH-M 模型的结构式为

$$\begin{cases} x_t = f(t, x_{t-1}, x_{t-2}, \cdots) + \delta \sqrt{h_t} + \varepsilon_t, \\ \varepsilon_t = \sqrt{h_t} e_t, \\ h_t = \lambda_0 + \sum_{j=1}^{p} \eta_j h_{t-j} + \sum_{i=1}^{q} \lambda_i \varepsilon_{t-i}^2. \end{cases}$$

④ AR-GARCH 模型.

当 GARCH 模型的回归函数 $f(t, x_{t-1}, x_{t-2}, \cdots)$ 不能充分提取原始序列的相关信息时,需检验残差序列的自相关性,对其先拟合自回归模型,再进一步考察剩余残差的异方差特征. 此时,模型修订为 $AR(m)$-$GARCH(p,q)$ 模型,其结构式为

$$\begin{cases} x_t = f(t, x_{t-1}, x_{t-2}, \cdots) + v_t, \\ v_t = \sum_{k=1}^{m} v_{t-k} + \varepsilon_t, \\ \varepsilon_t = \sqrt{h_t} e_t, \\ h_t = \lambda_0 + \sum_{j=1}^{p} \eta_j h_{t-j} + \sum_{i=1}^{q} \lambda_i \varepsilon_{t-i}^2. \end{cases}$$

GARCH 族模型发展迅速,逐步构成当前国际上研究金融市场资产定价的前沿理论. 近年来,陆续有学者探讨上述模型在居民消费价格指数、房价测度等领域的应用.

4.1.2 房价的季节性波动特征分析

本研究以北京市新建住宅价格指数为指标,为确保数据统计口径的一致性,全部数据均来源于国家统计局网站. 由于时间序列季节调整通常采取定基比指数为样本,而我国自 2011 年才开始公布以 2010 年为基数的新建住宅价格定基比指数,数据量不足以满足季节调整需要,故选取以上年价格为 100 的新建住宅价格同比数据;兼顾到数据的易得性,选择样本区间为 2007 年 1 月至 2015 年 6 月,但该序列本身已剔除了部分季节因素,故首先对原序列进行预处理,样本数据转化为以 2007 年各月为基数的定比指数序列.

首先运行 SAS 软件的 gplot 程序,创建北京市新建住宅价格定基比指数(记为 x_t)的时序图,直观考察图 4.1 可知,序列不存在潜在的异常值、离群值

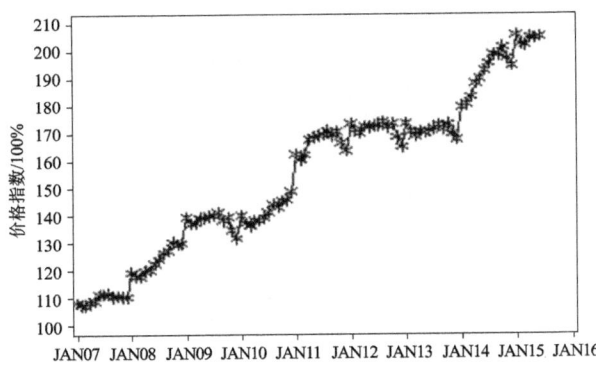

图 4.1 北京市新建住宅价格定基比指数时序

和交易日效应,呈现出强劲的增长趋势,并带有一定的季节波动性,每年年末达到全年最低值,次年初反弹.

为精确剖析房价的季节特征,继续运行 proc X12 过程识别 regARIMA 模型. 根据 transform 语句的运行结果和最小信息量 AIC、SBC 准则,确定对序列进行对数变换并采用乘法季节调整模型. 利用 identify 语句,综合比较 X-12-ARIMA 模型中非季节差分次数 $d=1,2$ 和季节差分次数 $D=0,1,2$ 所有组合的自相关函数 ACF 和偏自相关函数 PACF,结合残差序列自相关函数的 χ^2 检验,最终确定 $d=2, D=1$. 再次运行 proc X12 程序,利用 arima 语句 model 命令的形式变换,对 p、q、P、Q 分别取值于 0、1、2 时的所有组合模型,进行参数估计与拟合优度检验,确定最佳模型为 ARIMA$(0,2,2)\times(0,1,1)_{12}$:

$$(1-B)2(1-B^{12})\ln x_t = (1-0.20215B-0.23662B^2)(1-0.64741B^{12})\varepsilon_t.$$
$$\quad\quad\quad\quad\quad\quad (2.02)\quad\quad (2.37)\quad\quad\quad (8.07)$$

其中,括号内是对应参数的 t 值,上述模型中的参数均通过了显著性检验.

X12 程序的输出结果非常丰富,限于篇幅,只列出经过 X-12-ARIMA 过程季节调整后的房价序列(记为 y_t,见表 4.1)和最终的季节因子时序图(图 4.2).

表 4.1　季节调整后的北京市新建住宅价格指数 y_t 序列

年份	2007	2008	2009	2010	2011	2012	2013	2014	2015
1月	104.51	115.19	135.69	136.44	159.07	170.49	170.81	176.69	203.05
2月	106.03	116.57	136.19	136.53	159.87	170.92	170.52	180.93	203.16
3月	106.96	117.59	137.57	136.63	162.76	170.87	169.75	184.36	203.39
4月	107.63	119.09	138.16	137.00	166.55	171.18	169.46	187.02	203.78
5月	109.07	120.17	138.85	137.80	168.01	171.46	169.47	189.45	204.09
6月	110.48	121.67	139.19	138.60	168.22	171.70	169.84	191.89	204.16
7月	110.69	123.52	139.49	140.45	168.70	171.72	170.30	194.35	
8月	109.85	124.78	139.48	142.36	169.01	172.11	170.78	196.40	
9月	111.15	128.07	139.06	143.96	169.78	172.43	171.32	198.57	
10月	110.24	129.89	138.79	144.67	169.89	172.57	172.07	200.31	
11月	112.95	132.28	137.90	148.96	170.06	172.29	173.62	201.42	
12月	115.70	135.10	137.17	154.89	170.03	172.10	175.07	202.16	

图 4.2 证实房价序列确实存在季节波动性,且波峰、波谷相对稳定,波谷为年末,12 月降至全年最低点,11 月次之,波峰为每年的 1 月,这与根据图 4.1 初步判断的房价季节波动特征相吻合.进一步观察图 4.2 可知,从 2007 年至 2018 年,波峰和波谷的季节指数明显下降,分别由 2007 年的 3.866、-5.304,降至 2014 年的 2.941、-7.366,但波动幅度持续加大,年度极差从 2.38% 增加到 3.54%,这符合北京市愈来愈强的实际房价波动状况.

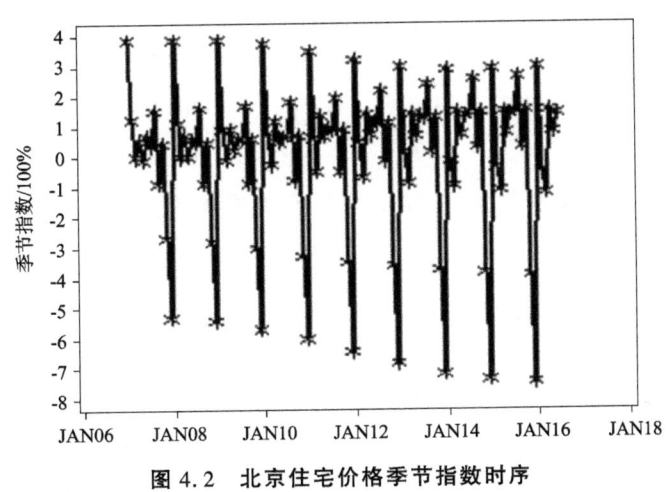

图 4.2 北京住宅价格季节指数时序

4.1.3 对季节调整后的房价序列拟合 AR-GARCH 模型

对表 4.1 中的 y_t 序列进行 ADF 和 PP 平稳性检验,结果显示序列在无漂移项自回归、有漂移项自回归和带趋势项回归三种类型下都显著非平稳,且各种处理均无法实现残差平稳.故对 y_t 序列进行差分运算(记为 $\text{dif}y_t$),ADF 和 PP 检验结果表明 $\text{dif}y_t$ 序列在 0.05 的水平下显著平稳,进一步利用 SAS 软件的 archtest 命令检验其异方差性,PQ 检验和 LM 检验结果显示 $\text{dif}y_t$ 序列具有较高阶的 ARCH 效应,适合采用 ARCH 类模型进行分析.

由于 SAS 软件没有提供识别相对最优 ARCH 模型的命令,本研究在综合考虑残差序列自相关性、AIC 和 SBC 信息量、模型可决系数 R^2 和参数能否通过显著性检验的基础上,经反复尝试,最终对 $\text{dif}y_t$ 序列拟合了关于延迟因变量回归且无回归常数项的 AR(2)-GARCH(1,1) 模型,输出结果如图 4.3 所示,

模型结构式为

```
                    The AUTOREG Procedure
                       GARCH Estimates
SSE              96.7336936    Observations            100
MSE                 0.96734    Uncond Var                .
Log Likelihood  -123.41164     Total R-Square      0.90316
SBC              274.454306    AIC              258.823285
Normality Test    15.99435     Pr > ChiSq           0.2960

                           Standard              Approx
Variable    DF   Estimate    Error   t Value   Pr > |t|
lagdifyt    1    0.8967     0.0310     28.92    <.0001
AR1         1    0.4857     0.1680      2.89    0.0038
AR2         1    0.2169     0.1151      1.88    0.0595
ARCH0       1    0.1093     0.0771      1.42    0.1565
ARCH1       1    0.8768     0.3387      2.59    0.0096
GARCH1      1    0.1838     0.1777      1.84    0.0464
```

图 4.3　$\mathrm{dif}y_t$ 序列拟合 GARCH 模型输出结果

$$\begin{cases} y_t - y_{t-1} = 0.8967(y_{t-1} - y_{t-2}) + v_t, \\ v_t = -0.4857v_{t-1} - 0.2169v_{t-2} + u_t, \\ u_t = \sqrt{h_t}\varepsilon_t, \ \varepsilon_t \overset{iid}{\sim} N(0, 0.96734), \\ h_t = 0.1093 + 0.8768\varepsilon_{t-1}^2 + 0.1838h_{t-1}. \end{cases}$$

检验结果显示,除 AR(2)-GARCH(1,1) 模型中的常数项不显著外,其他变量均高度显著,且正态性检验的概率 P 值 0.2960 远远大于显著性水平 0.05,与假定 GARCH 模型残差项服从正态分布相吻合,模型拟合有效.

4.1.4　对模型拟合效果的评价研究

为检验模型的拟合效果,将样本区间修订为 2007 年 1 月至 2014 年 6 月,综合使用上述模型进行外推预测,具体方案是首先利用 AR(2)-GARCH(1,1) 模型对季节调整后的房价 y_t 序列进行拟合,然后把拟合结果回代到 X-12-ARIMA 过程中,结合 X-12-ARIMA 过程分解的季节因子、趋势成分和不规则因子,最终给出 2014 年 7 月至 2015 年 6 月北京市新建住宅价格 x_t 序列的拟合值,结果如表 4.2 所示.对拟合值与预留房价数据进行对比,并计算不受量纲影响的相对误差指标数值,结果显示,相对误差值均控制在 0.35% 以内,其中,2015 年 6 月的房价真实值为 205.6,拟合值为 205.69,绝对误差只有 0.09,相对误差不超过 0.05%. 图 4.4 进一步输出了北京市新建住宅价格拟合值和原始序列值的对比图,两曲线几乎重合,拟合效果比较理想.

表 4.2 基于复合模型与残差自回归模型二的房价拟合效果比较

时间	基于复合模型的房价拟合数据			基于模型二的相对误差/%
	真实值	拟合值	相对误差/%	
2014.07	195.8	196.291	0.251	3.39
2014.08	199.0	199.396	0.199	1.36
2014.09	198.9	199.005	0.053	2.77
2014.10	201.8	201.909	0.054	0.63
2014.11	197.6	198.110	0.258	3.79
2014.12	194.8	195.390	0.303	0.52
2015.01	206.0	206.111	0.054	1.89
2015.02	202.8	203.504	0.347	1.65
2015.03	202.3	202.547	0.122	3.02
2015.04	205.3	205.419	0.058	3.21
2015.05	204.9	205.029	0.063	1.77
2015.06	205.6	205.690	0.044	4.79

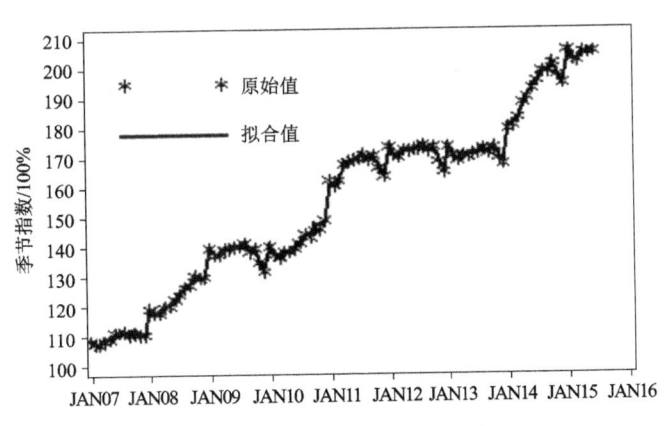

图 4.4 拟合值与原始值对比

4.1.5 对不同建模方法的比较分析与房价预测

拟合时间序列数据的有效模型是非唯一的,结合北京市新建住宅价格指数 x_t 序列的基本特征——显著的长期递增趋势和一定的季节波动规律,尝试拟合各类时间序列模型,结果如表 4.3 所示,根据检验统计量易知,以延迟因变量为因子的残差自回归模型二是相对最优模型。由于 SAS 系统没有直接输出上述复合模型的 AIC、SBC 和 R^2 等统计量数值,故对模型二,也采取前述拟合效果检验方法——直接计算 x_t 序列拟合值与预留数据的相对误差,并与表 4.2 中基于复合模型得出的相对误差进行对比,结果发现,基于残差自回归模型二的相对误差值均超过了 0.5%,最大值为 4.79%,平均高达 2.879%,显著大于由复合模型得出的相对误差。

表 4.3 对北京市新建住宅价格指数 x_t 序列拟合的各类时间序列模型

模型	理论模型结构式	拟合模型表达式	检验统计量		
			AIC	SBC	R^2
残差自回归模型一:以时间变量为因子	$\begin{cases} x_t = T_t + S_t + \varepsilon_t, \\ T_t = \beta_0 + \beta_1 t + \cdots + \beta_k t^k, \\ \varepsilon_t = \phi_1 \varepsilon_{t-1} + \cdots + \phi_p \varepsilon_{t-p} + a_t. \end{cases}$	$\begin{cases} x_t - S_t = 0.1575t + \varepsilon_t, \\ \varepsilon_t = 1.1585\varepsilon_{t-1} - 0.2342\varepsilon_{t-5} + a_t. \end{cases}$	324.59	332.09	0.9923
残差自回归模型二:以延迟因变量为因子	$\begin{cases} x_t = T_t + S_t + \varepsilon_t, \\ T_t = \beta_0 + \beta_1 x_{t-1} + \cdots + \beta_k x_{t-k}, \\ \varepsilon_t = \phi_1 \varepsilon_{t-1} + \cdots + \phi_p \varepsilon_{t-p} + a_t. \end{cases}$	$\begin{cases} x_t - S_t = 0.9121(x_{t-1} - S_{t-1}) + \varepsilon_t, \\ \varepsilon_t = 0.8343\varepsilon_{t-1} + a_t. \end{cases}$	313.34	318.32	0.9925
模型三:加法季节模型	$(1-B)^d (1-B^s)^D x_t = \dfrac{\theta(B)}{\phi(B)} \varepsilon_t$	$(1-B)(1-B^{12})x_t = (1 - 0.32907B^2 - 0.4477B^{12})\varepsilon_t$	348.06	353.02	—
模型四:异方差 AR-GARCH 模型	$\begin{cases} x_t = f(t, x_{t-1}, x_{t-2}, \cdots) + v_t, \\ v_t = \sum_{k=1}^{m} \beta_k v_{t-k} + u_t, \\ u_t = \sqrt{h_t}\,\varepsilon_t, \\ h_t = \omega + \sum_{i=1}^{p} \eta_i h_{t-i} + \sum_{j=1}^{q} \lambda_j \varepsilon_{t-j}^2. \end{cases}$	$\begin{cases} x_t = 106.78 + 0.9696t + v_t, \\ v_t = 0.8719 v_{t-1} + u_t, \\ u_t = \sqrt{h_t}\,\varepsilon_t, \quad \varepsilon_t \overset{iid}{\sim} N(0, 11.056) \\ h_t = 8.423 + 0.2903\varepsilon_{t-1}^2. \end{cases}$	541.51	554.64	0.9864

注:SAS 系统不直接输出模型三的可决系数 R^2 变量。

综上所述,拟合北京市新建住宅价格指数序列的最优模型是由 X-12-ARIMA

模型和 AR(2)-GARCH(1,1)模型构建的复合模型,表 4.4 列出了利用该模型预测的 2015 年 7 月至 2016 年 6 月 x_t 序列定基比指数.总体来看,短期内房价仍将处于上升态势,通过把定基比指数还原为同比指数计算可得,房价上升幅度保持在 3%~5%,比上一年的增幅略小,但依然维持波峰、波谷分别为年初和年末的季节性特征不变.同时,房价序列存在明显的季节波动性,波峰、波谷分别稳定在每年的 1 月和 12 月,X-12 季节调整技术操作方便,效果显著.

表 4.4 北京市新建住宅价格定基指数预测值(2015.07—2016.06)

2015 年	7 月	8 月	9 月	10 月	11 月	12 月
预测值	206.82	208.897	207.99	210.647	206.185	203.139
2016 年	1 月	2 月	3 月	4 月	5 月	6 月
预测值	211.738	208.194	210.242	209.848	209.917	211.408

房价序列还存在典型的波动聚集性,AR(2)-GARCH(1,1)模型中两个系数 λ_1 和 η_1 均在 0.05 的水平下显著,且二者之和为 1.0606,非常接近于 1,说明房地产市场的外部因素和房价序列的滞后项对房价的作用效应较强,且具有一定的持续性,影响的消失速度缓慢.模型中 λ_1 远大于 η_1,表明与房价相关的外在变量,如居民消费水平 CPI、地区生产总值 GDP、土地价格和房地产开发投资额等,对房价的影响程度显著强于房价自身的波动冲击,体现了房地产市场的不确定性和各经济指标之间的关联性.

4.2 构建联立方程模型分析房价与地价、居民消费的关系

房价的快速增长不仅催生了房地产投资过热、房价炒作、投机性投资等扰乱市场的行为,也在很大程度上刺激着居民的消费水平以及国民收入在家庭的分配状况等.国家统计局公布的数据显示,1998—2001 年房价指数年平均涨幅为 1%左右,2002—2014 年则上涨到 5%左右,部分地区的房价更是出现暴涨势头,如 2000 年北京和上海的商品房价格分别为 4919 元/平方米和 3565 元/平方米,2014 年则分别上涨到 19023.1 元/平方米和 16419.9 元/平方米,年均

增长率高达 20%. 但从住宅消费来看,2014 年全国城镇户均住宅建筑面积达 90 平方米左右,住宅私有率在 80% 以上. 与住房消费的蓬勃发展相比,我国的最终消费率却持续走低,由 2000 年的 62.3% 下降到 2014 年的 48%,其中居民消费率甚至降为 35% 左右,所以,房价不是一个简单的价格问题,它更应该被视为国家经济发展水平、居民消费水平和可支配收入等动态指标在房地产市场的综合体现. 本研究试图从房地产市场自身的发展规律、居民消费市场和国家经济运行环境等方面去研究房价居高不下的原因,揭示房价波动与宏观经济发展态势之间的双向互动影响和内在联系,为房地产市场的健康、稳定、可持续发展提供理论指导.

4.2.1 与房价密切关联的变量选取

若采用单一方程考察房价与经济因素的互动关系,可能存在一定的局限性,现以我国 31 个省、自治区和直辖市的年度面板大数据为样本,创建一个包括房价波动、经济增长、居民消费、可支配收入,以及房地产市场的自我调控因素在内的联立方程模型,共选取 6 个变量和 2 个滞后变量. 其中,6 个变量由 3 个内生变量和 3 个外生变量组成,变量指标具体如下.

(1) 3 个内生变量

① 房价(HP):采用商品房平均销售价格作为统计指标,单位:元/平方米.

② 消费水平(CPL):指按常住人口平均计算的城镇居民消费支出,单位:元.

③ 土地价格(LP):由本年度房地产开发企业购置土地支付的费用除以所购置土地的面积计算得到,单位:元/平方米.

(2) 3 个外生变量

① 人均地区生产总值($PGDP$):作为衡量经济发展水平的统计指标,单位:元/人.

② 收入(DPL):指城镇居民人均可用于自由支配的收入,单位:元.

③ 房地产开发投资额(IEE):体现房地产市场自我调控的经济指标之一,单位:亿元.

(3) 2个滞后变量

由于房价和居民消费水平等经济指标通常存在动态相依性和时滞效应,本研究以最小信息准则为依据,结合模型的简洁性和有效性,选定 HP 和 CPL 的滞后一期值,和外生变量共同作为前定变量.

为确保数据指标口径和计算范围的一致性,全部数据均来源于国家统计局网站和各省、市、自治区的统计局网站,样本期设定为 2003—2014 年.

4.2.2 联立方程模型的架构

为充分考察房价与地价、消费等变量之间的内在作用机制及双向因果关系,本研究构建包括房价方程、消费方程和土地价格方程在内的联立方程组. 考虑到指标之间量纲的差异和序列自身的异方差性,首先对各变量取自然对数,具体模型形式设定如下:

$$\ln HP_{it} = a_0 + a_1 \ln HP_{it-1} + a_2 \ln CPL_{it} + a_3 \ln LP_{it} + a_4 \ln PGDP_{it} + \varepsilon_{it}, \quad (1)$$

$$\ln CPL_{it} = b_0 + b_1 \ln CPL_{it-1} + b_2 \ln HP_{it} + b_3 \ln DPL_{it} + u_{it}, \quad (2)$$

$$\ln LP_{it} = c_0 + c_1 \ln HP_{it} + c_2 \ln IEE_{it} + \eta_{it}. \quad (3)$$

其中, $\ln HP_{it}$、$\ln CPL_{it}$、$\ln LP_{it}$、$\ln PGDP_{it}$、$\ln DPL_{it}$、$\ln IEE_{it}$ 分别表示 i 地区 t 时刻的房价、城镇居民消费水平、土地价格、人均地区生产总值、城镇居民人均可支配收入和房地产开发投资额的对数值,$\ln HP_{it-1}$、$\ln CPL_{it-1}$ 分别表示房价和居民消费水平的一阶滞后项,a_0、b_0、c_0 分别表示与各省市相关的固定效应,a_1、a_2、a_3、a_4、b_1、b_2、b_3、c_1、c_2 分别表示各解释变量的待估系数,ε_{it}、u_{it}、η_{it} 分别表示对应方程的随机扰动项.

4.2.3 变量的描述性统计与预处理

首先检验样本数据的缺损值和离群点,如 2004 年西藏自治区的土地购置面积和土地购置费数据缺失,又 2003 年四川省的土地购置面积是 87.21 万平方米,显著异常于 2002 年的 1797.40 万平方米和 2004 年的 2023.91 万平方米等. 由于时间的不可重复性,我们无法重新测定样本中的极端异常值,故采用线性外推和指数平滑等方法进行补充和修正,以形成完备、系统的数据序列,对变量的基本描述性统计如表 4.5 所示.

表 4.5 变量的描述性统计

指标	变量	样本数	平均值	标准差	最小值	最大值
商品房价格	$\ln HP$	372	8.0699	0.5713	6.9679	9.8534
居民消费水平	$\ln CPL$	372	9.1863	0.4120	8.4033	10.2454
土地价格	$\ln LP$	372	6.8858	0.9861	4.8283	10.4922
人均地区生产总值	$\ln PGDP$	372	9.9172	0.7099	8.0885	11.4887
人均可支配收入	$\ln DPL$	372	9.5022	0.4553	8.6901	10.6885
房地产开发投资额	$\ln IEE$	372	6.2876	1.4813	0.6931	8.8936

为避免伪回归现象,确保估计的有效性,在拟合联立方程模型前必须检验变量的平稳性,对面板数据的平稳性检验,也称为单位根检验.对原始数据进行 ADF 和 PP 单位根检验,结果显示各变量显著平稳,可进行回归分析.

4.2.4 联立方程模型的估计

联立方程模型中方程(1)、(2)、(3)分别排除了 3 个、4 个和 5 个内生变量和前定变量,满足模型识别的阶条件.对于可识别的联立方程模型,可采用单一方程法和联立方程法估计其参数,单一方程法也称有限信息法,旨在单纯分析影响房价波动的外生因素;联立方程法也称完全信息法,旨在系统揭示房价与消费、地价的互动影响机制,本研究利用两种方法进行对比研究.

(1) 基于单一方程法的估计结果及分析

面板数据是横截面数据和纵截面数据的混合体,对其进行回归分析一般不宜采用普通的最小二乘法,SAS 软件有专门处理面板数据的横截面回归分析过程,用于检验不同个体、不同截面之间是否存在显著性差异,并区分差异性的来源.对房价方程分别拟合不同模式的效应检验,结果显示,数据之间不仅存在纵截面的时间效应差异,而且存在横截面的省份个体效应差异,但在双向固定效应检验中,变量 $\ln HP_{it-1}$、$\ln PGDP_{it}$ 均不显著,拟合效果不理想,表明固定效应不足以反映房价与其影响因素之间的内在关系.经过类似检验可知,消费方程和地价方程具有省份效应差异而不具备时间效应差异,但均满足单向随机效应,故可利用广义最小二乘法对三个方程进行估计,结果如表 4.6 所示.

表 4.6 三个方程的单一方程法估计结果

	lnHP 方程			lnCPL 方程			lnLP 方程		
	系数	t 值	P 值	系数	t 值	P 值	系数	t 值	P 值
常数项				0.8554	10.95	<0.0001	−4.81	−11.15	<0.0001
lnHP				0.0705	45.94	0.0012	1.3312	18	<0.0001
lnCPL	0.9208	10.68	<0.0001						
lnLP	0.1802	9.27	<0.0001						
ln$PGDP$	0.1325	3.69	0.0003						
lnDPL				0.8045	5.07	<0.0001			
lnIEE							0.1517	4.51	<0.0001
lnHP_{it-1}	−0.0356	−2.12	0.0344						
lnCPL_{it-1}				0.0128	2.27	0.0239			
方程检验	$R_a^2=0.853$ $MSE=0.0317$			$R_a^2=0.9792$ $MSE=0.0036$			$R_a^2=0.8342$ $MSE=0.1101$		

由表 4.6 可知,房价与消费、房价与地价均呈现正向的互动影响,但作用效果截然不同:消费水平对房价的影响系数为 0.9208,房价对消费的影响系数仅为 0.0705,而房价对地价的影响程度(回归系数为 1.3312)也远远高于地价对房价的作用效果(回归系数为 0.1802),也就是说,它们之间虽然具有循环因果关系,但并非简单的线性关系. 同时,人均地区生产总值、房地产开发投资额都对房价、地价产生正向冲击,这些经济指标的升高会推动房价的上涨. 此外,前一期房价对当期房价有负向影响,这是由于房价的降低会刺激购房消费,从而催生下一期房价的上涨,但一般来讲,房价的时滞效应较弱,前期房价对当期房价的影响力只有 0.0356%. 表 4.6 还显示,对消费水平影响最为显著的是人均可支配收入,收入每增加 1%,会刺激消费增加 0.8045%,这与现实情况相吻合.

(2) 基于联立方程法的估计结果及分析

SAS 软件支持估计联立方程组的两阶段最小二乘法(2SLS)和三阶段最小二乘法(3SLS)等多种方法,其中三阶段最小二乘法既关注模型内不同方程随机扰动项的相关性,也关注方程内的联立性偏差,是两阶段最小二乘法和广义最小二乘法的结合,本研究采用三阶段最小二乘法对三个方程进行系统性估计,结果如表 4.7 所示.

表 4.7 三个方程的系统性估计结果

	lnHP 方程			lnCPL 方程			lnLP 方程		
	系数	t 值	P 值	系数	t 值	P 值	系数	t 值	P 值
常数项							-5.0701	-14.76	<0.0001
lnHP				-0.2439	-7.75	<0.0001	1.3801	27.54	<0.0001
lnCPL	0.7204	20.53	<0.0001						
lnLP	0.2559	13.29	<0.0001						
ln$PGDP$	0.0914	2.85	0.0046						
lnDPL				0.9998	33.87	<0.0001			
lnIEE							0.1807	7.44	<0.0001
lnHP_{it-1}	-0.1507	-7.71	<0.0001						
lnCPL_{it-1}				-0.0582	-3.74	0.0002			
方程检验				$R_a^2 = 0.9996 \quad MSE = 1.6033$					

表 4.7 显示,对三个方程的系统性估计同样证实了房价、消费与地价的双向互动效应,且房价对地价、消费水平对房价的影响程度(回归系数分别为 1.3801、0.7204)仍然显著高于其反作用力(回归系数分别为 0.2559、-0.2439).但受联立方程内生性的影响,从消费方程来看,房价、前一期消费的系数均出现由正到负的变化,房价每增加 1%,会刺激居民消费降低 0.2439%,前期消费每增加 1%,当期消费降低 0.0582%,这与经济理论和生活实际更相吻合.从房价和地价方程来看,房价对地价、地价对房价和房地产开发投资对地价的影响系数分别为 1.3801、0.2559 和 0.1807,均明显高于表 4.6 中的相应系数 1.3312、0.1802 和 0.1517,而人均地区生产总值和消费对房价的作用效果均低于单一方程法中的作用效果,联立方程更充分体现了房地产市场自身的调控能力,对房价与宏观经济指标之间动态相依关系的刻画更客观.

(3) 区域层面的系统性估计结果及分析

由于我国经济发展水平和发展模式存在较大的区域性差异,本研究按照国家统计局对东部、中部和西部三大地理区域的划分标准,进一步检验房价波动与经济指标的联动关系,其系统性估计结果如表 4.8 所示.三大区域内房价与地价都存在显著的循环因果关系,从东到西,房价对地价的回归系数依次为

表 4.8　区域层面的系统性估计结果

	东部地区			中部地区			西部地区		
	$\ln HP$	$\ln CPL$	$\ln LP$	$\ln HP$	$\ln CPL$	$\ln LP$	$\ln HP$	$\ln CPL$	$\ln LP$
常数项			-6.8473		1.0852	-3.9009	-1.1551	0.8309	-4.0319
$\ln HP$		-0.1277	1.6348		-0.0381	1.2281			1.2032
$\ln CPL$	0.6254			0.5629			0.9143		
$\ln LP$	0.2896			0.1742			0.0728		
$\ln PGDP$				0.1347			0.0343		
$\ln DPL$		1.0764			0.5421			0.8774	
$\ln IEE$			0.0615			0.1467			0.2009
$\ln HP_{it-1}$	0.0534			0.0352			0.0278		
$\ln CPL_{it-1}$					-0.0117			0.0036	
方程检验	$R_a^2=0.9997$ $MSE=1.8188$			$R_a^2=0.9987$ $MSE=2.3805$			$R_a^2=0.9507$ $MSE=1.2268$		

注:拟合模型时删除了不显著变量,故表中各系数都是显著的,此处省略了 t 值和相应的 P 值.

1.6348、1.2281 和 1.2032,地价对房价的回归系数依次为 0.2896、0.1742 和 0.0728,与全国样本估计结果相一致,房价对地价的影响力显著高于地价对房价的影响力,而且就房价与地价的相互作用效应,东部最强,中部次之,西部最弱. 这是因为东部地区房地产市场发育比较完善,较高的房价将大幅度增加地方政府的土地出让收入,对地方财政有很强的推动作用,反过来更助长房价的抬升. 相对而言,中西部地区房地产市场发育程度较低,房价、地价上涨的空间相对较小,房地产开发投资对房价、地价的影响作用更强.

房价与消费的互动关系有较大的区域差异,在东部和中部地区,房价与消费显著负相关,房价每上涨 1%,东部地区的消费水平降低 0.1277%,中部地区仅降低 0.0381%. 究其原因,东部地区发达的经济水平和高密度的城市人口,催生了房价的快速上涨,促使占总人口一定比重的中低收入群体,为满足住房的基本需求或改善性需求,不得不大幅度缩减消费性支出,产生经济学中的"挤出效应". 中部地区受到的影响相对要弱,而在西部地区,土地资源富裕,人口相对稀少,居民住房负担较轻,房价波动对消费的影响最小,房价变量在消费方程中未通过显著性检验,收入是影响消费的主要因素,影响程度高达

0.8774.

4.2.5 结论与启示

对我国 31 个省份、跨越 12 个年度的面板数据样本建立联立方程模型,实证分析了居民消费水平和土地价格等内生变量,以及人均地区生产总值、城镇居民人均可支配收入和房地产开发投资额等外生变量与房价波动的内在作用机制.结果表明,无论是单方程估计、系统性估计,还是针对东部、中部和西部的区域估计,房价与地价之间存在显著的内生性关系,且两者的相互影响均为正向,但房价对地价的作用效应比地价对房价的作用效应更强烈;房价与消费之间也存在双向互动关联性,消费对房价的影响为正向,且影响程度较强,而房价对消费的影响为负向,且影响程度较弱,对居民消费水平影响较大的因素是可支配收入;除此之外,人均地区生产总值、房地产开发投资额也对房价产生正向冲击.

根据上述研究结果,建议有关政府部门在制定房地产宏观调控政策时,要特别注意地价和房价的相互作用机理,既要充分发挥房价的主导地位,也不能忽视地价的影响效应,合理分配土地的使用,适当控制工业用地,确保商品住宅和保障房用地,减轻居民住房负担.同时,通过提高所得税、转移性支付等方式优化收入分配,完善社会保障体系,以提高居民的消费水平和消费能力.对于东部、中部和西部三大区域,可采取灵活、多变的策略,如打压东部地区的房地产投机行为,抑制需求过盛;增加中西部地区居民的资产和财产性收入,增强居民的购买力;等等.

4.3 基于多元时序模型动态分析房价与居民消费的关系

深入探讨房地产价格指数与居民消费价格指数的定量关系,对研究房地产价格的波动规律具有一定的理论意义和现实价值.本研究通过分析两个随机序列间的动态变化规律,创建多元动态回归 ARIMAX 模型和误差修正 ECM 模型,在统计分析的基础上度量房地产价格指数与居民消费水平的长期均衡关系和短期波动关系.

4.3.1 多元时序模型简介

(1) ARIMAX 模型

假定自变量序列为 $\{x_{1t}\},\{x_{2t}\},\cdots,\{x_{kt}\}$，响应变量序列为 $\{y_t\}$，构造回归模型

$$\begin{cases} y_t = \beta_0 + \sum_{i=1}^{k}\beta_i x_{it} + \varepsilon_t, \\ \varepsilon_t = \dfrac{\Theta(B)}{\Phi(B)} a_t. \end{cases}$$

若残差 $\{\varepsilon_t\}$ 为平稳序列，则称 $\{y_t\}$ 和 $\{x_t\}$ 具有协整关系，动态回归模型即为 ARIMAX 模型. 其中，$\{a_t\}$ 为零均值白噪声序列，$\Phi(B)$、$\Theta(B)$ 分别为残差序列的自回归系数多项式和移动平均系数多项式.

(2) ECM 模型

作为协整回归模型的补充，误差修正模型主要用于解释响应序列 $\{y_t\}$ 的当期波动 ∇y_t 受到自变量序列的当期波动 ∇x_t、上一期的误差 ECM_{t-1} 和随机因素 ε_t 的影响，模型结构为

$$\nabla y_t = \beta_0 \nabla x_t + \beta_1 ECM_{t-1} + \varepsilon_t.$$

其中，β_0、β_1 为常数，β_1 也称为误差修正系数，通常 $\beta_1<0$，表示误差修正机制是一个负反馈机制.

4.3.2 房价与居民消费的协整检验

选取居民最关注的新建住宅价格指数作为度量房地产价格指数的指标，选取 CPI 作为度量居民消费水平的指标，样本区间为 2009 年 5 月到 2013 年 5 月. 由于原始数据是以上一年价格为基数 100 的同比序列，数据整体之间不具备可比性，故首先对序列进行预处理，转化为以 2008 年为基数的指数序列用于实证分析.

首先生成郑州市新建住宅价格指数序列 $\{y_t\}$ 和 CPI 序列 $\{x_t\}$ 的时序图，如图 4.5 所示，两个序列都蕴含显著的递增趋势，异方差检验显示都具有显著的异方差自相关性，PP 检验进一步证实 $\{x_t\}$ 和 $\{y_t\}$ 都是非平稳序列，故分别

对其进行一阶差分运算. 表 4.9 给出了对差分序列 $\{\text{dif}x_t\}$ 和 $\{\text{dif}y_t\}$ 进行单位根检验的结果, PP 检验和 ADF 检验的相伴概率值都远远小于 0.01, 差分序列显著平稳, 即 $\{x_t\}$ 和 $\{y_t\}$ 同为 1 阶单整序列, 满足协整检验的条件, 再结合图 4.5 所显示的序列间的同变关系, 可以考虑建立 ARIMAX 模型.

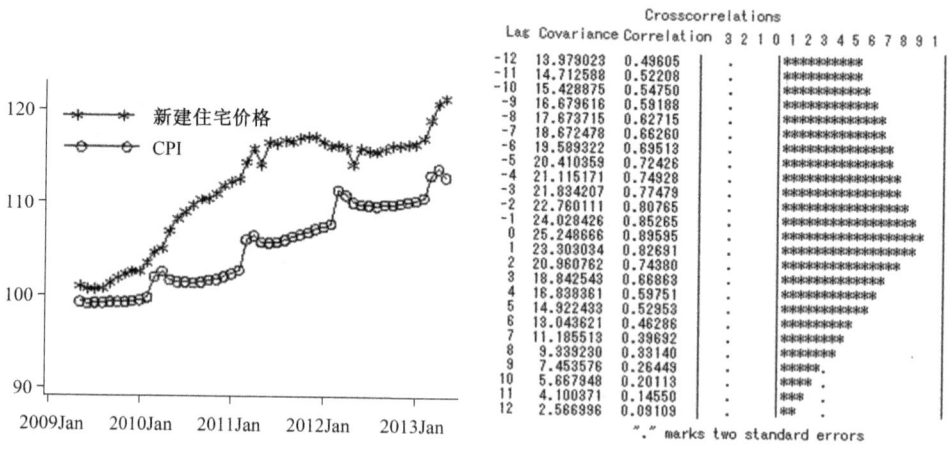

图 4.5 新建住宅价格指数和 CPI 时序图　　　图 4.6 序列 $\{y_t\}$ 和 $\{x_t\}$ 的互相关图

表 4.9 $\{\text{dif}x_t\}$ 和 $\{\text{dif}y_t\}$ 序列的单位根检验结果

模型结构	延迟阶数	$\{\text{dif}x_t\}$ 序列的 PP 检验		$\{\text{dif}x_t\}$ 序列的 ADF 检验		$\{\text{dif}y_t\}$ 序列的 PP 检验		$\{\text{dif}y_t\}$ 序列的 ADF 检验	
		τ 值	$Pr<\tau$	τ 值	$Pr<\tau$	τ 值	$Pr<\tau$	τ 值	$Pr<\tau$
$x_t = \varepsilon_t$	0	-5.66	<0.0001	-5.66	<0.0001	-5.71	<0.0001	-5.71	<0.0001
$x_t = \dfrac{\varepsilon_t}{1-\phi_1 B}$	1	-5.68	<0.0001	-5.11	<0.0001	-5.69	<0.0001	-2.97	0.0038
$x_t = \mu + \varepsilon_t$	0	-6.16	0.0001	-6.16	0.0001	-7.15	0.0001	-7.15	0.0001
$x_t = \mu + \dfrac{\varepsilon_t}{1-\phi_1 B}$	1	-6.16	0.0001	-5.94	0.0001	-7.15	0.0001	-4.15	0.0002
$x_t = \mu + \beta_t + \varepsilon_t$	0	-6.08	<0.0001	-6.08	<0.0001	-7.12	<0.0001	-7.12	<0.0001
$x_t = \mu + \beta_t + \dfrac{\varepsilon_t}{1-\phi_1 B}$	1	-6.09	<0.0001	-5.89	0.0001	-7.12	<0.0001	-4.18	0.0099

4.3.3 多元回归 ARIMAX 模型的创设

为避免对两个非平稳序列建立回归模型时所产生的虚假回归问题,在 SAS 程序的 identify 语句中增加 crosscorr 命令,考察两序列间的互相关性,图 4.6 显示序列 $\{y_t\}$ 在延迟阶数为零时与序列 $\{x_t\}$ 相关系数达到最大值 0.89595,故对序列 $\{y_t\}$ 和 $\{x_t\}$ 进行同期建模,可得回归模型

$$y_t = 1.06247 x_t + \varepsilon_t.$$

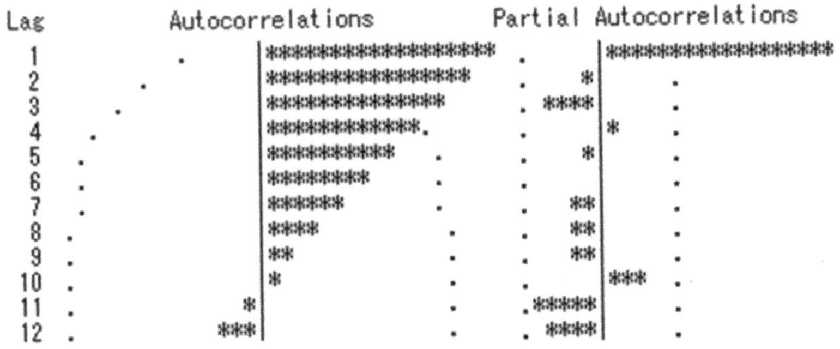

```
Lag      Autocorrelations              Partial Autocorrelations
 1   .          |********************|     |********************|
 2   .          |*****************   |     |*                   |
 3   .          |**************      |     |****                |
 4   .          |***********.        |     |*                   |
 5   .          |********            |     |*                   |
 6   .          |*****               |     |.                   |
 7   .          |****                |     |**                  |
 8   .          |****                |     |**                  |
 9   .          |**                  |     |.                   |
10   .          |*                   |     |***                 |
11   .         *|                    |     |*****               |
12   .       ***|                    |     |****                |
```

图 4.7 残差序列 $\{\varepsilon_t\}$ 的自相关图和偏自相关图

同时增加 input 命令检验残差序列 $\{\varepsilon_t\}$ 的平稳性与相关性,图 4.7 输出了 $\{\varepsilon_t\}$ 的自相关图和偏自相关图,自相关函数呈负指数衰减且明显具有拖尾性,偏相关函数呈现 1 阶截尾的特征,结合白噪声检验结果,确定 $\{\varepsilon_t\}$ 平稳但仍存在自相关性. 经反复实验最终对 $\{\varepsilon_t\}$ 序列拟合的最优模型为 AR(1) 模型,输出结果如图 4.8 所示,$\{y_t\}$ 和 $\{x_t\}$ 的动态回归模型修订为

$$\begin{cases} y_t = 1.01473 x_t + \varepsilon_t, \\ \varepsilon_t = \dfrac{a_t}{1-0.999B}, \quad a_t \overset{iid}{\sim} N(0, 1.058533). \end{cases}$$

图 4.8 表明残差序列 $\{a_t\}$ 白噪声检验的相伴概率值显著大于 0.05,对 $\{a_t\}$ 分别进行 PP 检验和 ADF 单位根检验,结果显示 $\{a_t\}$ 显著平稳,是白噪声序列,$\{y_t\}$ 和 $\{x_t\}$ 具有协整关系. 同时,模型参数显著非零,模型有效,对新建住宅价格指数序列 $\{y_t\}$ 原始值和拟合值的对比效果如图 4.9 所示,图中的两条曲线几乎重合,拟合效果良好.

```
Conditional Least Squares Estimation
                Standard           Approx
Parameter Estimate  Error  t Value Pr > |t|  Lag Variable Shift
   AR1,1  0.99900  0.02585  38.64   <.0001    1    y        0
   NUM1   1.01473  0.01034  98.11   <.0001    0    x        0

       Autocorrelation Check for White Noise of Residuals
 To    Chi-        Pr >
 Lag  Square  DF  ChiSq   --------Autocorrelations--------
  6    6.25    6  0.3957  -0.005  0.261 -0.173  0.070 -0.075  0.084
 12   17.30   12  0.1386   0.012  0.025 -0.246  0.148 -0.042  0.291
```

图 4.8　$\{y_t\}$ 和 $\{x_t\}$ 同期建模的最终输出结果

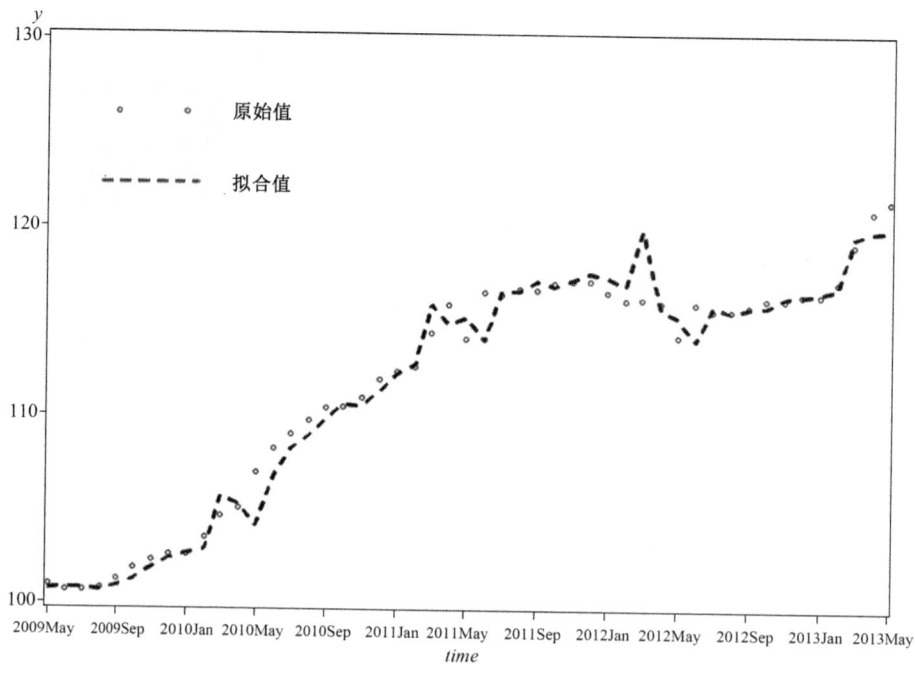

图 4.9　$\{y_t\}$ 序列的拟合对比效果

4.3.4　误差修正模型的拟合

为研究新建住宅价格指数序列的短期波动特征,令 $ECM_{t-1} = y_{t-1} - 1.01473 x_{t-1}$,构造 ECM 模型,利用 SAS 程序的 reg 功能,输出方程和参数检验结果如表 4.10 所示,拟合模型为 $\nabla y_t = 0.31276 \nabla x_t - 0.03068 ECM_{t-1} + \varepsilon_t$,$F$ 统计量的相伴概率值 0.045 小于 0.05,说明 3 个变量 ∇y_t、∇x_t 和 ECM_{t-1} 存在线性关系,方程通过检验. 参数检验显示,CPI 序列的当期波动对新建住宅价格指

数序列的当期波动有显著性影响(β_0 的 P 值 0.0239 远远小于 0.05),但影响程度不强,影响系数只有 0.31276;而上期误差 ECM_{t-1} 对 $\{y_t\}$ 当期波动的影响不显著(β_1 的 P 值 0.2734 大于 0.05),并且波动调整幅度也非常小,单位调整比例仅为 -0.03068. 同时,模型拟合的可决系数只有 0.6508,说明拟合效果不够理想.

表 4.10　$\{y_t\}$ 序列的 ECM 模型检验结果

方程检验		参数检验			
R^2	0.6508	参数	估计值	t 值	$Pr>|t|$
F 值	3.12	β_0	0.31276	2.34	0.0239
$Pr>F$	0.045	β_1	-0.03068	-1.11	0.2734

根据所拟合的 ARIMAX 模型,作为度量一定时期内居民支付所消费商品价格变化程度的相对数指标,居民消费价格指数序列对房地产价格指数序列的影响很强,影响系数达到 1.01473,故尽管 $\{x_t\}$ 和 $\{y_t\}$ 都是非平稳序列,但两个序列具有很好的协整关系. 对 $\{y_t\}$ 序列进行动态预测,可得郑州市新建住宅价格未来三期的定基预测指数分别为 121.90、122.82 和 124.09,结果表明,在未来一段时间内郑州市的房价仍将持续升温,上涨幅度维持在 1% 左右. 根据原始数据,新建住宅价格指数和居民消费价格指数近年来基本上以 5%~10% 的幅度持续上涨,这一方面表明了拟合模型的有效性,同时体现了房地产价格的调控必将是一个漫长和复杂的过程.

揭示短期波动特征的 ECM 模型拟合效果不佳,也进一步说明了房价和居民消费都属于持续性发展的经济因素,任何短期波动的影响力都很小. 国家虽然陆续制定了一系列措施对房价进行调控,但政策都有一定的滞后效应,对楼市过热、房价上涨过快的遏制尚需更长的时间.

4.4　基于频谱分析的居民消费传导机制研究

居民消费价格指数 CPI 是反映一般居民家庭消费水平的重要价格监测指标,其变动率代表着国家经济的通货膨胀或紧缩态势. 理想经济环境中,CPI

和PPI应呈现良好的协同态势,基本无偏离,或者是偏离时间短且偏离幅度小.但现实经济运行中,二者却在2001年1月—2004年3月、2008年11月—2010年12月、2011年11月—2012年12月、2015年2月—2018年4月四个阶段内出现了严重背离,PPI月度同比变化率数次持续急剧负增长,触底之后迅速反弹,区间内波谷、波峰平均值分别为-9.59%和10.03%,并于2009年7月和2010年5月一度达到历史最低值-16.55%和历史最高值15.41%.相比之下,CPI同比变化率始终保持小幅波动,对PPI同比变化率的大起大落没有反响回应,甚至某些时段与PPI呈现方向相反的变化,两个经济景气指标的反常关系掀起了学界的研究热潮.学界基于不同方法、经济理论体系和视角研究二者的因果传导关系和背离特征,所得结论互不相同,大致可归纳为下述几种情况.

① 从PPI到CPI呈现正向的单向传导关系.价格传导以传统的"生产链传递理论"为基础,上游生产成本通过链条"原材料—加工产品—最终成品"驱动下游消费商品的价格波动,PPI是CPI的单向Granger原因,PPI的领先变动引发CPI的滞后联动.

② CPI向PPI存在反向倒逼传导.价格传导遵从"引致需求"理论,下游向上游的单向倒逼传递是物价起伏的关键因素,CPI领先于PPI,只是领先的期数略有差异.

③ CPI和PPI之间存在双向传导效应.由于生产链传递和引致需求理论亦此亦彼,上游的生产对下游的消费及其反向间的动态传递效应协同并存,因此,需求和供给的密切配合是经济调控主旋律,CPI和PPI互为对方的Granger原因.

概述之,从研究内容上,学界深刻剖析了CPI和PPI倒挂的主要原因、虚假背离的本质及影响、修正背离的根本手段等;从研究方法上,Granger因果检验、向量自回归模型、误差修正模型占主导地位,频域分析模型使用相对较少;从研究对象上,多数文献仅选取CPI和PPI两个经济指标变量,而不太重视产业链的整体结构.

本研究选取产业链最上游的原材料购进价格指数(RMPI)、上游的 PPI、中游的企业商品交易价格指数(CGPI)和下游的 CPI,直观考察其时序图,四个指数之间既有总体协同态势,也不乏区间内的明显背离. 传统的时域分析方法容易附带主观人为思想,谱分析以频率为基准标识整体序列的周期行为,客观准确. 但频谱分析仅适用于平稳非白噪声序列,而实际经济数据通常具有一定的趋势特征,可借助经典的 HP 滤波法分离趋势.

4.4.1 HP 滤波法和频谱分析简介

(1) HP 滤波法

1980 年,美国金融学家在研究国家战后经济景气指标时,率先提出了以时间序列谱分析为理论基础、以波动方差最小化为原理的高通滤波技术,简称为 HP 滤波法. 其基本思想是:设序列 $\{x_t\}$ 可分解为

$$x_t = T_t + C_t, t = 1, 2, \cdots, n.$$

其中,$\{T_t\}$ 和 $\{C_t\}$ 分别表示序列的趋势成分和周期波动成分. HP 滤波的目标是从原序列 $\{x_t\}$ 中分离出不易观测的长期趋势 $\{T_t\}$,并定义 $\{T_t\}$ 是损失函数最小化时的解,即满足

$$\min\left\{ \sum_{t=1}^{n}(x_t - T_t)^2 + \lambda \sum_{t=2}^{n-1}[(T_{t+1} - T_t) - (T_t - T_{t-1})]^2 \right\}.$$

参数 λ 是权衡和调节实际序列趋势跟踪特征及其光滑度的杠杆权数,目前学界已达成共识,λ 的取值满足

$$\lambda = \begin{cases} 100, & \text{年度数据}; \\ 1600, & \text{季度数据}; \\ 14400, & \text{月度数据}. \end{cases}$$

(2) 交叉频谱分析

交叉频谱模型主要用于度量两个时间序列各周期的关联度和领先滞后性,通常借助相位谱、相干谱和时差等指标进行考察. 其建模思路和指标含义如下.

① 相位谱(phase spectrum).

对于两个平稳时间序列 $\{x_t\}$ 和 $\{y_t\}$,在时域分析领域,刻画其相关性的统

计量主要是互相关函数

$$\rho_{xy}(k) = \frac{1}{n-k} \sum_{k=1}^{n-k} \left(\frac{x_t - \bar{x}}{\sigma_x} \right) \left(\frac{y_{t+k} - \bar{y}}{\sigma_y} \right),$$

其中 k 为延迟阶数,σ_x、σ_y 为 $\{x_t\}$ 和 $\{y_t\}$ 的标准差. 转化到频域范畴,对应的概念是交叉谱密度函数

$$H_{xy}(\omega) = \sum_{k=-\infty}^{+\infty} \rho_{xy}(k) \mathrm{e}^{-ik\omega}.$$

设 $a_{xy}(\omega)$ 和 $b_{xy}(\omega)$ 分别是 $H_{xy}(\omega)$ 的实部和虚部,则

$$H_{xy}(\omega) = S_{xy}(\omega) \cdot \mathrm{e}^{-i\varphi_{xy}(\omega)}.$$

其中,$S_{xy}(\omega) = |H_{xy}(\omega)| = \sqrt{a_{xy}^2(\omega) + b_{xy}^2(\omega)}$ 称为交叉振幅谱,反应两序列各频率成分 ω_i 在振幅上的相互对应关系. $\varphi_{xy}(\omega) = \arctan\left[\dfrac{b_{xy}(\omega)}{a_{xy}(\omega)}\right]$ 称为相位谱,用来度量序列周期的领先滞后关系,若 $\varphi_{xy}(\omega) > 0$,则 $\{y_t\}$ 领先于 $\{x_t\}$,否则 $\{y_t\}$ 滞后于 $\{x_t\}$,此时二者相距的时差为 $L_{xy}(T) = \dfrac{\varphi_{xy}(\omega) T}{2\pi}$,$T$ 是周期长度.

② 相干谱(coherence spectrum).

对交叉振幅谱 $S_{xy}(\omega)$ 进行标准化处理,即得相干谱

$$W_{xy}(\omega) = \frac{|S_{xy}(\omega)|}{\sqrt{H_x(\omega) H_y(\omega)}} = \frac{\sqrt{a_{xy}^2(\omega) + b_{xy}^2(\omega)}}{\sqrt{H_x(\omega) H_y(\omega)}},$$

其中 $H_x(\omega)$、$H_y(\omega)$ 是两序列 $\{x_t\}$ 和 $\{y_t\}$ 的谱密度函数. 显然,$W_{xy}(\omega) \in [0,1]$,其值越接近于 1,表明两序列在该频率处的相关程度越强,周期共变性越好. 一般情况下,当 $W_{xy}(\omega) \in [0.6,1]$ 时,认为两个序列存在周期共变性;当 $W_{xy}(\omega) < 0.5$ 时,视为不存在共变性或共变性较弱,故相干谱也称为平方一致性或凝聚谱,可作为序列周期相关性的检验统计量.

4.4.2 HP 滤波处理与平稳性检验

为从根本上挖掘经济产业链的变动态势,本研究选取 RMPI、PPI、CGPI 和 CPI 四个指标体系,样本期确定为 2001 年 1 月—2019 年 4 月. 变量 CGPI 来源

于中国人民银行官网,由于该网站仅给出了 CGPI 的月度同比数据,考虑到可比性,其余 3 个变量相应选取了国家统计局官网的月度同比数据,然后统一处理为月度同比增速序列.

为去除 4 个变量指标的趋势成分,首先对其实施平滑参数 $\lambda = 14400$ 的 HP 滤波处理,分解得到相应的循环成分序列,分别记为 ZQRMPI、ZQPPI、ZQCGPI 和 ZQCPI,并采用 ADF 和 PP 单位根检验考察其平稳性,结果如表 4.11 所示.

表 4.11 周期项序列单位根检验和白噪声检验结果

变量	ADF 检验统计量的值及对应的检验类型 (c,t,n)	P 值	PP 检验统计量的值及对应的检验类型 (c,t,n)	P 值	延迟 18 阶白噪声检验统计量的值	P 值
ZQRMPI	−6.82 (0,0,1)	<0.0001	−3.32 (0,0,2)	0.0153	1106.8	<0.0001
ZQPPI	−6.17 (0,0,1)	<0.0001	−3.32 (0,0,2)	0.0153	1111.85	<0.0001
ZQCGPI	−4.83 (0,0,1)	0.0001	−2.92 (0,0,2)	0.0452	1224.46	<0.0001
ZQCPI	−3.48 (0,0,2)	0.0097	−3.27 (0,0,2)	0.0180	1218.36	<0.0001

表 4.11 显示样本区间内滤波后的周期项序列在 5% 水平下均是平稳序列,进一步考察其纯随机性,检验显示上述序列都是非白噪声序列,满足交叉谱分析的前提条件.

4.4.3 交叉频谱分析

依据原材料购买—工业生产—市场流通—居民消费的链条法则,初设上中下游变量结构模式为 RMPI—PPI—CGPI—CPI,对变量两两进行交叉谱分析,具体测定其一致性、位相差、耦合振荡周期等指标.首先设定变量的周期长度,综合考虑学界研究,结合数据特征,初设 4 个变量的周期区间是 2~84 个月,并分割成 2~6 个月和 6~84 个月,具体考察其短周期和中长周期.

(1) ZQRMPI 和 ZQPPI 的交叉谱分析

两阶段内 ZQRMPI 和 ZQPPI 的交叉谱分析结果如图 4.10 和图 4.11 所示,其中横轴代表周期,左右两竖轴分别代表相干谱和相位谱(下同).图 4.10 和图 4.11 直观显示,ZQRMPI 和 ZQPPI 的相干谱值总体上大于 0.8 且非常接近于 1.事实上,两变量在零频率处的相干谱高达 0.9999,近乎完全相关,总区间内平均值亦高达 0.9263,分别有 15 个、29 个周期点处的谱值大于 0.99 和 0.97,说明两个序列存在极强的一致性和互动关系,二者属于高度周期匹配.对两阶段进行具体分析,在 2~6 个月的周期波动段内,相干谱曲线存在两个较为突出的波峰,对应谱值分别为 0.9991 和 0.9975,耦合周期分别是 2.39 个月和 3.93 个月.此时,相位谱对应是 0.051 和 0.467,相对较小,换算成时差即 0.02 个月和 0.29 个月,表明基于短周期波动整体过程的平均意义上看,生产价格指数滞后于原材料购进价格指数 0.155 个月,可以视为基本同步.同时,在 6~84 个月的周期波动段内,两变量在 36.67 个月和 20 个月处分别达到区间内的相对高点 0.9968 和 0.9956,相位谱比较小,对应是 0.06 和 -0.05.也就是说,无论是 2 个月和 4 个月左右的短周期,还是 36 个月和 20 个月的中长周期,原材料购进价格指数 RMPI 和生产价格指数 PPI 在耦合振荡周期上都具有高度相关性,且几乎是同步的.

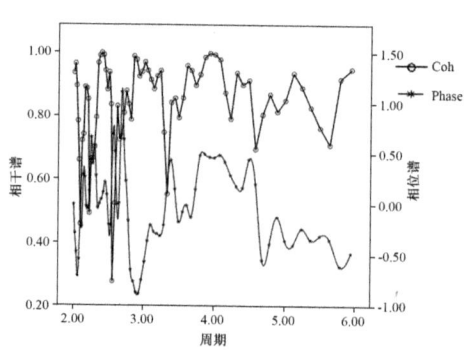

图 4.10 ZQRMPI、ZQPPI 交叉谱图
(T=2~6 个月)

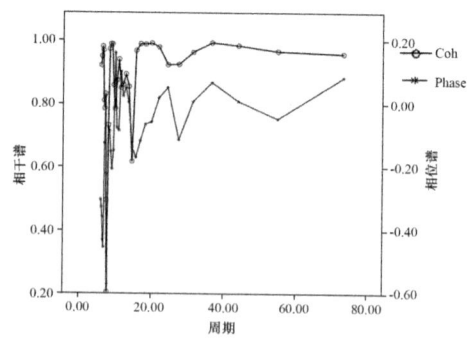

图 4.11 ZQRMPI、ZQPPI 交叉谱图
(T=6~84 个月)

(2) ZQPPI 和 ZQCGPI 的交叉谱分析

进一步考察 ZQPPI 和 ZQCGPI 的交叉谱分析,结果如图 4.12 和图 4.13

所示. 从相干谱来看,两变量 ZQPPI 和 ZQCGPI 总区间内平均值为 0.6521,且仅有 8 个周期点处的谱值大于 0.97,显著低于 ZQRMPI 和 ZQPPI 的相干谱值,说明两个序列也存在一定程度的互动关系,但其总体上的匹配性远远弱于 ZQRMPI 和 ZQPPI 的匹配程度. 同样考察两个阶段可知,在 2~6 个月的波动区间内,其一致性统计量最大值 0.9889 在 2 个月周期处取得,对应的相位谱近乎为 0,可以忽略不计. 在 6~84 个月的波动区间内,相干谱峰值对应周期是 18.33 个月和 22 个月,相位谱分别是 -0.09 和 -0.40,转换为时差即 -0.27 个月和 -1.38 个月,表明基于中长周期波动整体过程的平均意义上看,交易价格指数领先生产价格指数 1 个月左右,倒逼效应突显.

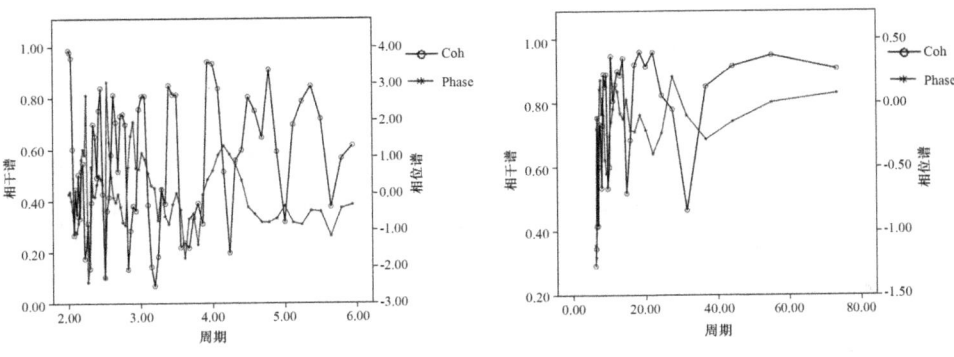

图 4.12　ZQPPI、ZQCGPI 交叉谱图　　　图 4.13　ZQPPI、ZQCGPI 交叉谱图
　　　($T=2\sim6$ 个月)　　　　　　　　　　　　($T=6\sim84$ 个月)

(3) ZQCGPI 和 ZQCPI 的交叉谱分析

图 4.14 和图 4.15 是 ZQCGPI 和 ZQCPI 的交叉谱分析结果,尽管两变量两个阶段内相干谱平均值相差不大,但总体上短周期区间内一致性较强的周期点明显多于中长周期的周期点. 实际上,在相干谱值大于 0.9 的 15 个周期点中,仅有 15.71 和 16.92 两个周期点位于中长周期波动段内,其余均属于短周期波动段,且几乎都位于 2~3 个月的区间内,也就是说,商品交易价格指数和居民消费价格指数的耦合振荡周期以短周期 2 个月为主,两个指标短周期波动的形成机制具有密切的内在联系,此时对应相位谱近乎为 0,二者基本上是同步的.

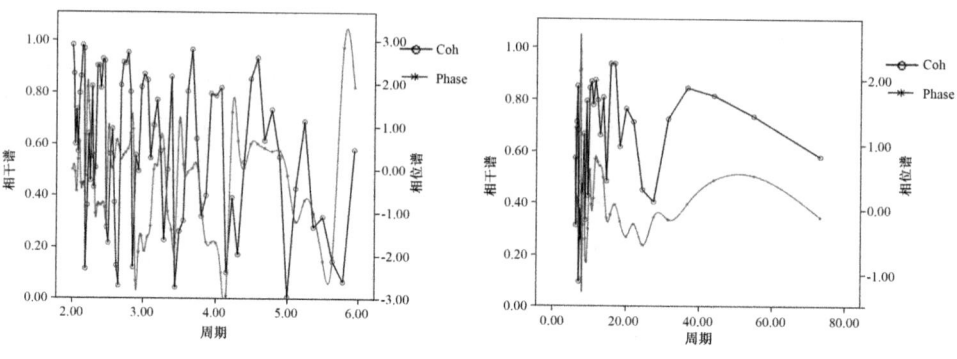

图 4.14　ZQCGPI、ZQCPI 交叉谱图　　图 4.15　ZQCGPI、ZQCPI 交叉谱图

（T=2~6 个月）　　　　　　　　　（T=6~84 个月）

（4）ZQCPI 和 ZQRMPI 的交叉谱分析

两阶段内 ZQCPI 和 ZQRMPI 的交叉谱分析结果如图 4.16 和图 4.17 所示．考察两变量整个区间内相干谱平均值，与变量 ZQCGPI 和 ZQCPI 对应平均值相差甚微，且两个指标短周期波动的耦合周期仍然是 2 个月左右，相位差近乎为 0，亦与 ZQCGPI 和 ZQCPI 的短周期情形较为雷同．但二者的短周期和中长周期波动特征区别显著，变量明显存在 15.71 和 31.43 的两个中长耦合周期，其相干谱值分别达到区间内极大值 0.9249 和 0.8932，对应相位谱是 0.52 和 0.27，转换为时差是 1.31 个月和 1.35 个月，即基于中长周期整体的平均视角，消费价格指数领先原材料购进价格指数 1.33 个月．

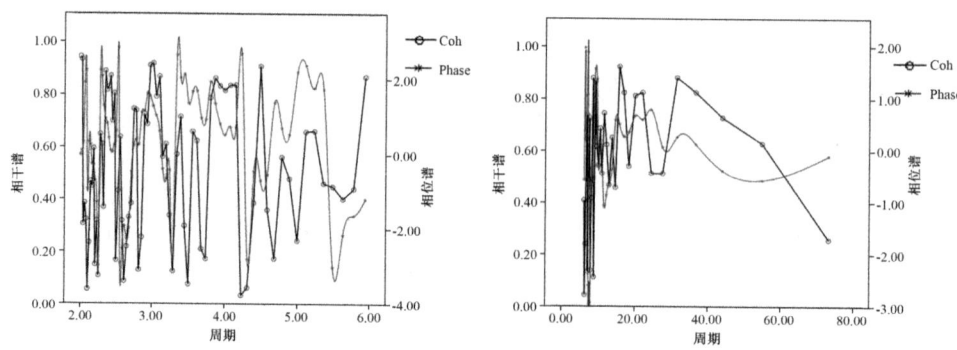

图 4.16　ZQCPI、ZQRMPI 交叉谱图　　图 4.17　ZQCPI、ZQRMPI 交叉谱图

（T=2~6 个月）　　　　　　　　　（T=6~84 个月）

（5）ZQCPI 和 ZQPPI 的交叉谱分析

图 4.18 和图 4.19 是 ZQCPI 和 ZQPPI 的交叉谱分析结果，从图示来看，两个变量的相干谱分布与第 2~4 组（ZQPPI 和 ZQCGPI、ZQCGPI 和 ZQCPI、ZQCPI 和 ZQRMPI）的相干谱分布较为相似，而明显异于第 1 组（ZQRMPI 和 ZQPPI），其一致性程度弱于 ZQRMPI 和 ZQPPI 的一致性，表明在经济链条体系中，CPI 和 PPI 的传导机制受到 RMPI 和 CGPI 的直接影响。根据谱值进行具体分析，ZQCPI 和 ZQPPI 短周期波动的耦合振荡周期是 3 个月，相位差为 0.9，对应时差是 0.43 个月。在 6~84 个月的波动区间内，两变量在 11.58 个月和 15.71 个月两处的相干谱值分别达到峰值 0.93 和 0.92，相位谱对应是 −0.98 和 0.35，对应时差为 −1.8 个月和 0.89 个月，显示了 CPI、PPI 在中长周期波动过程中领先和滞后交错呈现的复杂关系。

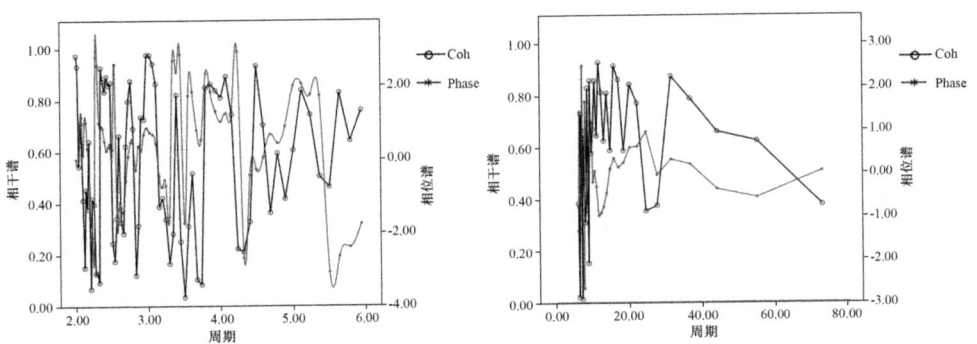

图 4.18　ZQCPI、ZQPPI 交叉谱图　　　图 4.19　ZQCPI、ZQPPI 交叉谱图
　　　　（$T=2$~6 个月）　　　　　　　　　　　（$T=6$~84 个月）

4.4.4　传导机制剖析与启示

为实证解析 CPI 的传导体系，本研究深入挖掘链条四个经济指标的交叉谱分析结果，归纳梳理的基本思路是：首先，计算每组谱分析短周期和中长周期两个波段内相干谱的平均值，作为评价变量一致性的参考数值；其次，对于每组交叉谱分析中的两个阶段，重点考察相干谱达到区间内极大值的 2 个波段或波点，同时计算出相位谱、时差，以期进行全面比较，具体结果如表 4.12 所示。

表 4.12 链条四指标交叉谱分析结果

指标名称	周期波段/月		相干谱	相位谱	时差
ZQRMPI 和 ZQPPI	短周期	2.34~2.53	0.9438	0.01	0
		3.61~4.07	0.9605	0.30	0.19
		2~6	0.844		
	中长周期	15.72~20	0.9921	-0.10	-0.28
		31.43~44	0.9902	0.03	0.17
		6~84	0.9382		
ZQPPI 和 ZQCGPI	短周期	2	0.9761	-0.04	-0.01
		3.93~4.07	0.9059	0.70	0.45
		2~6	0.5387		
	中长周期	16.92~24.44	0.9580	-0.23	-0.76
		31.43~44	0.8723	-0.17	-1.04
		6~84	0.8722		
ZQCGPI 和 ZQCPI	短周期	2~2.16	0.8197	-0.06	-0.02
		2.68~2.82	0.8832	0.46	0.20
		2~6	0.5849		
	中长周期	15.71	0.9380	-0.08	-0.20
		36.67	0.8450	0.08	0.49
		6~84	0.6374		
ZQCPI 和 ZQRMPI	短周期	2	0.9402	0.06	0.02
		2.97~3.10	0.8742	1.14	0.55
		2~6	0.5178		
	中长周期	15.71~16.92	0.8751	0.40	1.03
		31.43~36.67	0.8545	0.20	1.06
		6~84	0.5719		
ZQCPI 和 ZQPPI	短周期	2.97~3.10	0.9407	0.67	0.32
		2	0.8170	0.00	0.00
		2~6	0.5527		
	中长周期	11.58~12.22	0.8725	-0.95	-1.79
		15.71~20	0.8037	0.34	0.99
		6~84	0.5974		

由此可知：

第一，无论是短周期波动，还是中长周期波动，四个经济指标之间都有较高的相关性，相干谱平均值都大于 0.5，其中 RMPI 和 PPI 的相关程度最高，PPI 和 CGPI 在中长周期上的相关性次之，相干谱总体平均值和波段内谱平均值均显示 CPI 和 PPI 的一致性相对最弱.

第二,基于耦合周期的视角来看,总体而言,前四个组别的周期长度较为一致,中间三组短周期的主周期均为 2 个月左右,相比之下,第一组 RMPI 和 PPI 短周期的主周期略长一些,集中于 2.4 个月附近. 同时,这四个组的中长周期也较为一致,其主周期、次周期分别是 16~20 个月和 32~36 个月. 与上述组别截然不同的是 CPI 和 PPI 组,其短周期的耦合主周期是 3 个月,中长周期的主周期和次周期分别是 12 个月和 16~20 个月,彰显了最广受关注的 CPI 和 PPI 传导关系,既存在独有的特定规律,又受到经济链条中其他指标输送机制的影响,这种交叉传送关系值得高度重视.

第三,从相位谱和时差来看,数值相对较小、基本上可以视为两变量同步变化的是 RMPI 和 PPI 组、CGPI 和 CPI 这两个组. 另外三组中,PPI 和 CGPI 的时差平均约为 -0.9 个月,即 CGPI 整体领先 PPI 1 个月左右;CPI 和 RMPI 的时差平均约为 1.05 个月,即 RMPI 滞后 CPI 也是 1 个多月,需要强调,RMPI 位于链条最上游,CPI 处于下游,CPI 对 RMPI 的反向影响显著. 最复杂情形的仍然是 CPI 和 PPI 组,从短周期来看,PPI 滞后 CPI 0.2 个月左右,偏差幅度不大;从中长周期来看,在主周期 12 个月上,时差平均值为 -1.79,PPI 领先 CPI 将近 2 个月,在其次周期上,时差平均值为 0.99,PPI 滞后 CPI 几乎 1 个月,两变量不仅呈现出领先滞后交错出现的多样化关系,而且变化幅度大,态势极不稳定.

基于上述结果,有两点重要启示. 第一,我国经济链条上中下游的四个指标——原材料购进价格指数 RMPI、生产价格指数 PPI、商品交易价格指数 RMPI 和消费价格指数 CPI 存在高度相关一致性,不同指标之间的动态驱动机制即使出现短暂偏离,但长远来看,总体均衡是必然趋势. 第二,上中下游不同指标间的传导体系明显不同,原材料购进 RMPI 对生产价格 PPI 的正向传导效应最显著,交易价格 RMPI 对生产价格 PPI、消费价格 CPI 对原材料购进 RMPI 均存在一定的反向倒逼效应,产业链条各环节的机制关系对 CPI 和 PPI 的传导有着非常重要的影响. 因此,在对消费价格进行宏观调控和经济管理时,应将 CPI 当作整个经济链条中的一项指标,兼顾生产、流通和消费的所有环节,从供给和需求两个层面进行双向调节,以形成完整的监管体系.

4.5 基于季节调整和 LSTM 组合模型的 GDP 实证研究

国内生产总值(Gross Domestic Product,简记为 GDP)是衡量国家经济态势和发展状况的核心指标,经济学、社会学等不同领域的学者基于各种基本理论、运用多元化手段对 GDP 指数进行了实证分析.随着人工智能神经网络的发展和计算机技术的更新,学界陆续开启了基于长短时记忆网络(Long Short-Term Memory Network)LSTM 模型的智能预测,并将该算法逐步和经典时间序列方法进行实质结合,用于分析经济、金融、统计数据.本研究以时间序列分析和神经网络理论为指导,以 GDP(记作序列$\{x_t\}$)为研究对象,设定科学评价指标,探究相对最优拟合模型,并适度预测未来的经济发展走向.

4.5.1 研究设计

统筹考虑数据的可得性和一致性,选取国家统计局发布的国内生产总值 GDP 季度数据为实验样本,时间跨度从 1992 年第一季度到 2022 年第四季度,样本数量 $n=124$.直观考察其时序图,图 4.20 显示序列是典型的非平稳序列,

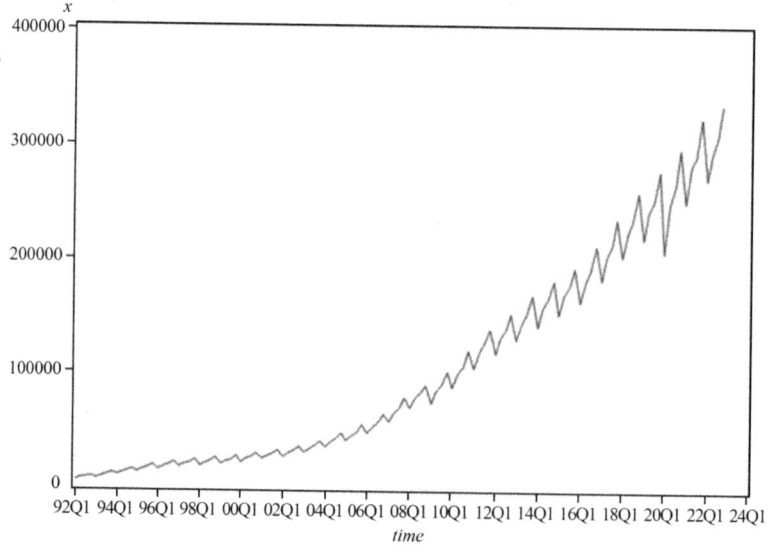

图 4.20 GDP 序列的时序图

显著受到长期趋势、季节效应两大确定性因素的影响,故可以尝试传统时间序列建模时常用的季节调节 X-12-ARIMA 模型.同时,序列有明显的非线性特征,LSTM 算法改进了标准的循环神经网络算法,拥有较强的非线性关系挖掘能力,因此可以考虑 LSTM 与时间序列模型的混合优化算法.

为客观评价建模效果,以学界使用率相对较高的平均绝对百分比误差($MAPE$)、均方根误差($RMSE$)作为量化比较指标,其定义分别是

$$MAPE = \frac{1}{n}\sum_{t=1}^{n}\left|\frac{x_t - \tilde{x}_t}{x_t}\right| \times 100\%,$$

$$RMSE = \sqrt{\frac{1}{n}\sum_{t=1}^{n}(x_t - \tilde{x}_t)^2}.$$

其中,x_t 为原始值,$\tilde{x}_t$ 为拟合值,n 为样本数.

4.5.2 构建 X-12-ARIMA 模型

(1) 差分预处理

为剖析 GDP 序列的趋势性和周期特征,首先做原序列 1 阶 4 步差分后序列 $\{dif1\_4x_t\}$ 的时序图,如图 4.21 所示,初步可确定差分序列是平稳序列;再进

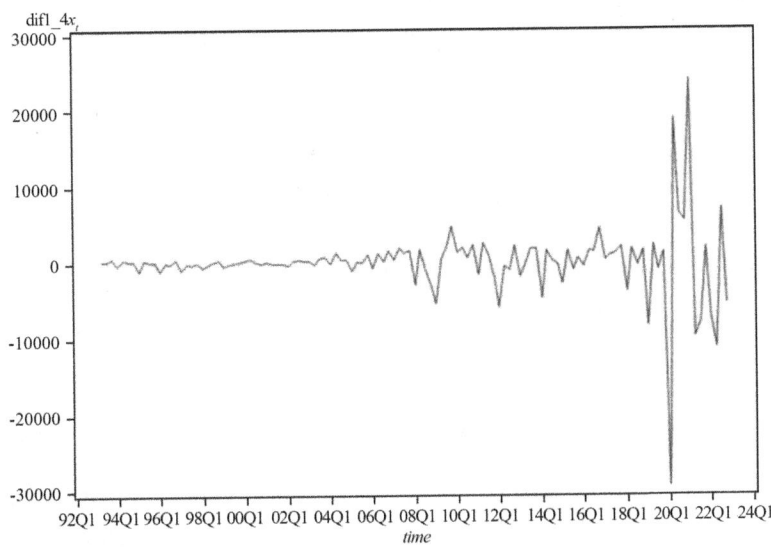

图 4.21 序列 $\{dif1\_4x_t\}$ 的时序图

行 ADF 单位根检验,结果显示三种类型下对应 τ 统计量的 P 值均小于 0.0001,证实了序列的平稳性.结合随机性检验,可进一步判断其属于平稳非白噪声序列,因此,可考虑对$\{dif1\_4x_t\}$序列构建 ARIMA 模型.

（2）SARIMA 模型的识别与定阶

输出$\{dif1\_12x_t\}$序列的相关图,图 4.22 显示,4 阶以内延迟 2 阶、3 阶的自相关系数和偏自相关系数相对较大,序列具有短期相关性;同时,延迟 4 阶的自相关和偏自相关系数均明显大于 2 倍标准差,说明差分后的序列仍蕴涵极其显著的季节效应,综合前期的差分运算,可尝试季节乘法模型.

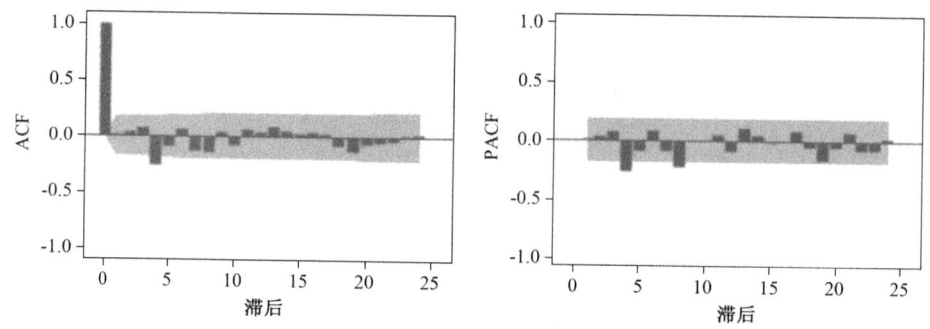

图 4.22　序列$\{dif1\_4x_t\}$的自相关图和偏自相关图

由于短期相关所对应的 ARMA 模型通常以低阶为主,故 p 和 q 取 1 和 2 进行尝试.进一步考察以步长 4 为单位的相关系数,延迟 4 阶自相关系数显著非零,但延迟 8 阶的自相关系数落入 2 倍标准差,自相关系数可视为 1 阶截尾;而延迟 4 阶和 8 阶的偏自相关系数都显著非零,拖尾性相对清晰,故考虑利用 $ARMA(0,1)_4$ 模型提取其季节自相关信息.

（3）参数估计与优化比较

选取 $p=1$ 或 2、$q=1$ 或 2 与 $P=0$、$Q=1$ 构造各种组合模型,利用 SAS 系统 proc ARIMA 程序中的 estimate 命令进行参数估计,依据最小信息量评价准则 AIC 和 SBC,结合对模型和参数的显著性检验,最终确定了相对最优模型 $SARIMA(1,1,1) \times (0,1,1)_4$,条件最小二乘估计输出结果见表 4.13,由此可得拟合模型

$$(1-0.8177B)\nabla\nabla_4 x_t = (1-0.7487B)(1-0.4343B^4)\varepsilon_t, \text{Var}(\sigma_\varepsilon^2)=0.0243^2.$$

表4.13　SARIMA(1, 1, 1)×(0, 1, 1)$_4$模型的参数估计结果

参数	估计值	标准差	t值	P值	滞后
MA1,1	0.7487	0.3772	1.99	0.0495	1
MA2,1	0.4343	0.0983	4.42	<0.0001	4
AR1,1	0.8177	0.3361	2.43	0.0165	1

（4）基于X11模型的迭代分解

以上述SARIMA为基础，基于X11模型继续进行程序化反复迭代分解，以完成X12模型的最终建模，其输出内容特别丰富，重点考察趋势、季节、随机波动等因素分解结果，以及对原始数据的拟合等，图4.23是拟合效果图，显示真实值和拟合曲线之间具有较高的吻合度。

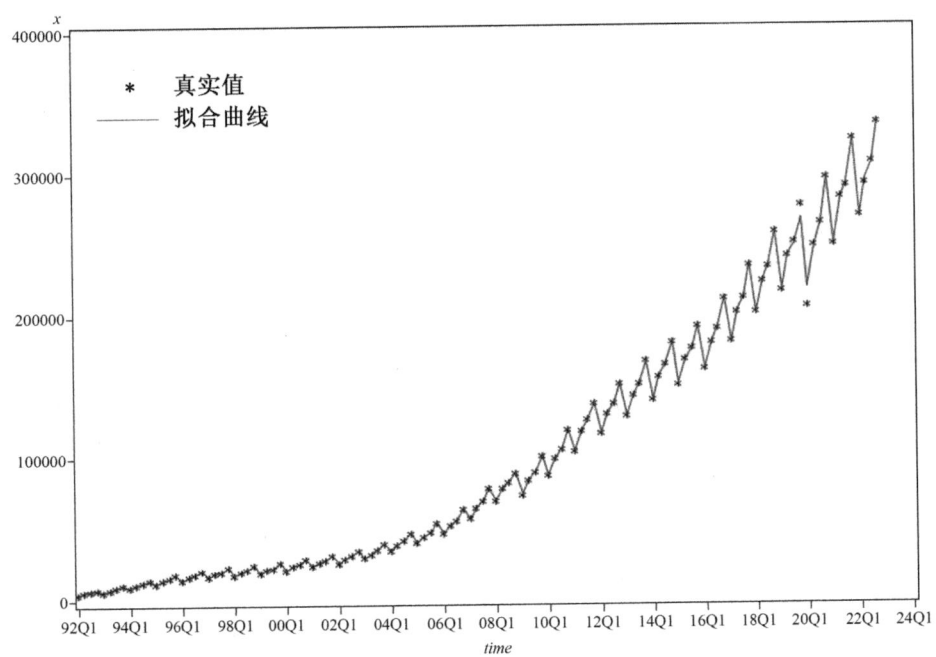

图4.23　基于X-12-ARIMA模型的GDP拟合图

4.5.3　构建X-12-ARIMA和LSTM组合模型

（1）LSTM原理简介

LSTM是一种用于处理和预测时间序列数据的循环神经网络（Recurrent

Neural Network,简记为 RNN)模型,通过记忆细胞(memory cell)、输入门、遗忘门和输出门的结构来解决传统 RNN 模型在长时间依赖关系上的问题.记忆细胞是 LSTM 中最重要的部分,用于存储长期依赖信息.输入门控制新信息流入记忆细胞,遗忘门控制旧信息从记忆细胞流出,输出门控制记忆细胞对当前状态的贡献.这些门通过权值矩阵和当前时间步骤的输入以及上一个时间步骤的隐藏状态来计算出其权值,这些权值通过 sigmoid 函数计算得出,值域在 0 到 1 之间.

LSTM 的建模思路是:将当前时间步骤(time step)的输入和上一个时间步骤的隐藏状态输入 LSTM,计算出输入门、遗忘门和输出门的权值;使用输入门的权值和当前时间步骤的输入计算出记忆细胞的候选值;使用遗忘门的权值和上一个时间步骤的记忆细胞计算出当前时间步骤的记忆细胞,这个计算过程可以理解为更新上一时间步骤的记忆细胞,并决定是否保留上一时间步骤的信息;LSTM 使用输出门的权值和当前时间步骤的记忆细胞计算出当前时间步骤的隐藏状态;将当前时间步骤的隐藏状态作为下一个时间步骤的输入,以确保 LSTM 能够记忆长期依赖关系.

(2) LSTM 的算法设计

LSTM 结构较好地解决了传统 RNN 的问题,在自然语言处理、语音识别、机器翻译等领域取得了显著成果,当前应用广泛,算法设计主要包括数据处理、模型训练两个环节.

① 数据处理环节:为将跨度较大的数据限制在一定范围内,以提高训练效率、降低误差,且保证梯度下降的有效性,在训练数据之前,首先对数据进行归一化处理,通过 sklearn.preprocessing 模块中的 MinMaxScaler 函数,使用序列的最小值、最大值对当前值进行缩放,归一化后的数据值域为 0 到 1.其原理是

$$X'_i = \frac{X_i - \text{Min}(X)}{\text{Max}(X) - \text{Min}(X)}.$$

考虑到样本点的有限数量,本研究直接采用向后一步预测的方式.同时,由于数据集的时间戳为季度,其包含的时序关系及周期性也是以年为单位,经

过反复实验,发现输入长度等于 12 时预测效果较好.此外,对于训练集和测试集的划分,选取样本的前 80% 作为训练集,后 20% 作为测试集.

② LSTM 模型训练环节:为快速构建 LSTM 的算法框架,本研究基于 Python 语言编写,使用的 IDE 为 PyCharm,通过调用 PyTorch 中封装好的 LSTM 类对数据进行训练. 选择 PyTorch,一方面是因为可以很方便地调用其中封装好的各类常用算法,通过暴露出的接口对算法进行修改、调整参数等,高效实现算法调优;另一方面,PyTorch 还具有自动适配 CUDA 版本的优势,方便快速调用 Nvidia 独立显卡中的 CUDA 核心进行计算加速,减少训练时间,提高程序运行效率.

由于实验数据集较小,经过不断的参数调整,最终确定较为合适的实验结构情况为:LSTM 模型的输出大小为 ($sequence\_legth$, $bacth\_size$, $hidden\_size$),其中输出指的是隐藏层在各个时间步骤上计算并输出的隐藏状态,它们通常作为后续输出层的输入.需要强调的是,该"输出"本身并不涉及输出层计算,其形状为(时间步数,批量大小,隐藏单元个数),因此在输出后面再加一个线性层来获得最终输出.其中设置隐藏层为 32,输入层与输出层均为 1;采用 MSE 作为损失函数,优化函数为 Adam 算法,并设置训练迭代次数 $epoch$ 为 200,$batch\_size$ 为 1.

需要说明的是,当使用 LSTM 算法直接对 GDP 原始序列和对数序列进行建模时,均未获得理想的拟合效果,故考虑构建 X-12-ARIMA 和 LSTM 的组合模型.

(3) 组合模型的架构及实证分析

X12 和 LSTM 组合模型的架构思路是:①调出 X12 模型对 GDP 原始数据 $\{x_t\}$ 的拟合值 $\{y_t\}$,利用真实值减去该拟合值得到相应的残差序列,记作序列 $\{x_t\_Residual\}$,即 $\{x_t\_Residual\} = \{x_t\} - \{y_t\}$.②使用 LSTM 算法对残差序列进行重新建模,得到对应的预测值 $\{Lstm\_test\}$.③设定组合模型的预测值 $\{z_t\}$ 等于 X12 模型对原始序列的拟合值与 LSTM 算法对残差序列的预测值之和,即 $\{z_t\} = \{y_t\} + \{Lstm\_test\}$.

根据步骤①和②,基于 LSTM 算法对使用 X12 模型所得到残差序列 $\{x_t\_Residual\}$ 的拟合图如图 4.24 所示,表明 LSTM 模型较好地提取了残差中的有用信息.依据步骤③生成组合模型的预测值,结果表明拟合效果非常理想.

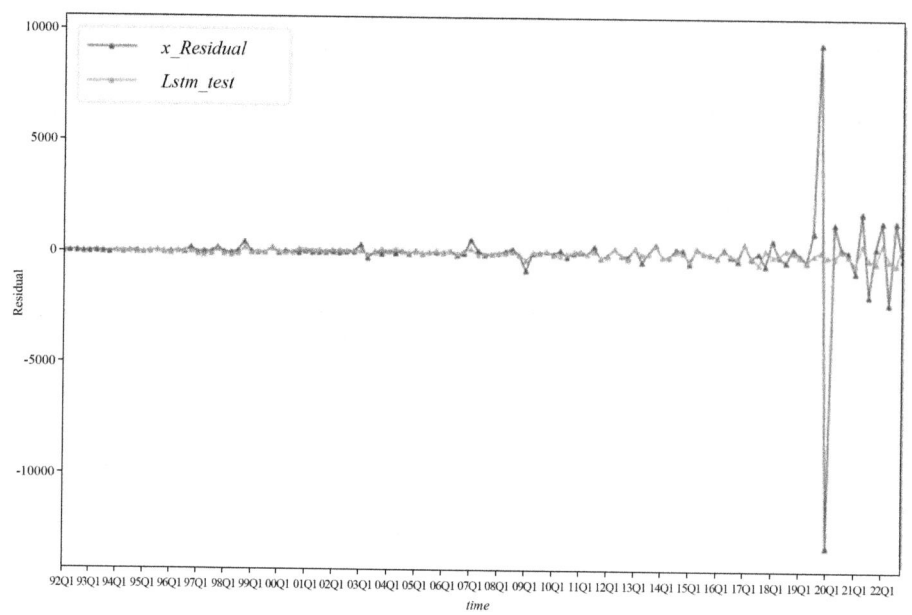

图 4.24　基于 LSTM 对 $\{x_t\_Residual\}$ 序列的拟合

（4）模型评价与比较

粗略观察基于 X12 模型和组合模型对 GDP 序列的拟合结果,二者的区别似乎并不明显.为定量评估模型预测精度,以 LSTM 算法选取的后 20% 样本测试集（2017—2022 年）为对象,分别计算两类模型的平均绝对误差 *MAPE* 和均方根误差 *RMSE*,由于 GDP 序列的绝对数值太大,在计算 *RMSE* 时首先进行了归一化处理,最终结果如表 4.14 所示.图 4.25 进一步展示了 *MAPE* 的折线比较,均表明组合模型的预测精度略高于 X12 模型.

表 4.14　两类模型预测误差的比较

模型	*MAPE*	*RMSE*
X12 模型	0.6620	0.2371
X12-LSTM 组合模型	0.5937	0.2206

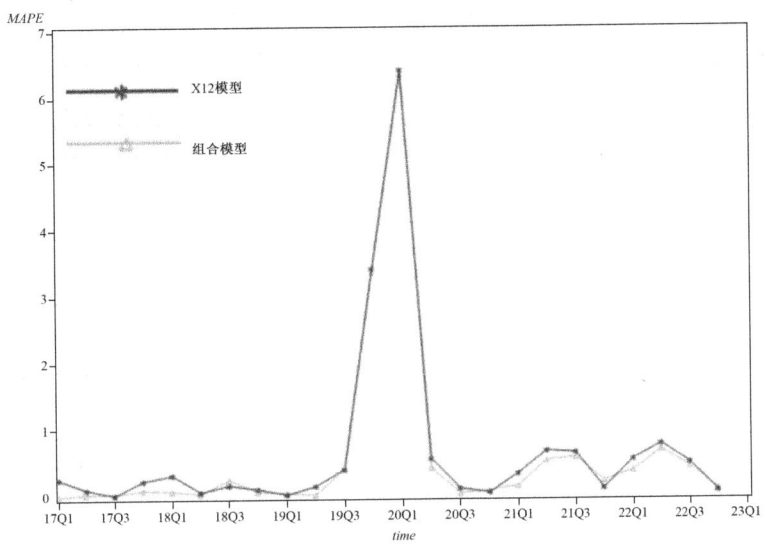

图 4.25 两类模型预测误差 MAPE 的比较

4.5.4 结论与启示

综合上述实证研究,可以发现:

① 对于 GDP 这类趋势、季节特征极其显著且交融性强的单维时间序列数据,直接使用 LSTM 算法进行建模,效果相对较差. X-12-ARIMA 模型和 X12-LSTM 的组合模型均取得了极其理想的拟合效果,相比之下,组合模型的预测精度更高一些,说明 LSTM 算法对 X12 模型预测残差的提取是有意义的.

② 基于拟合效果图和 MAPE 折线图来看,无论是 X12 模型还是组合模型,在 2020 年初都显著异常,究其原因,突然暴发的新冠疫情对 GDP 数据产生了强烈的干预效应,后续应引进干预模型进行再组合.

③ 选取相对更优的组合模型预测得到,我国 2023 年的季度 GDP 数据分别是 284078.90 亿元、310773.45 亿元、325069.29 亿元、354475.87 亿元,增长率仍然维持在 6% 左右,与国家经济稳中有升的良好发展态势相一致.

4.6 基于异方差模型的猪肉价格波动分析

猪肉历来是我国城乡居民最主要的肉类消费品,生猪养殖也是农业农村的重要支柱产业,因此,猪肉价格既特别关乎普通民众的菜篮子,又密切联系着养殖户的生产利益,可谓肉类市场的晴雨表.十年来,猪肉价格波动频繁且剧烈,数次严重超出正常波动范畴,以去皮带骨猪肉的批发价格为例,2009年中约为15.5元/千克,2010年初即涨至19.30元/千克,2011年下半年已冲到30元/千克左右,期间虽有小幅下降,但总体上涨率近94%;2012年起,猪肉价格始终位于22元/千克以上的高价位震荡态势,2016年6月再次达到区间最高值31.29元/千克,而后开始下跌,到2018年中跌破20元/千克,5月份跌至8年来的最低价位19.52元/千克;受非洲猪瘟的影响,2018年后半年猪肉价格开始大幅度持续上行,2019年9月已涨到42元/千克,近乎2018年同期价格的2倍,10月份突破了50元/千克大限,到2020年2月涨至历史最高价58.89元/千克.两年间虽偶有回落,但整体上涨迅猛,最高月涨幅甚至超过23%.

猪肉价格过山车式的异常波动严重地扭曲了畜牧行业乃至国民经济的健康发展,不仅引起了国家政府部门的高度重视,先后出台《缓解生猪市场价格周期性波动调控预案》等系列政策进行市场调控,同时也激发了学术界的研究热潮,基于各种理论、创设多样化的统计模型研究猪肉价格波动,但其构建的 GARCH 类模型基本上是仅限于对猪肉价格或收益率序列本身创建模型.本研究在此基础上,考虑把猪肉价格的影响因素作为控制变量,以设定更精准的条件均值方程,全方位揭示猪肉价格的复杂波动性与多变特征.

4.6.1 数据来源与变量设置

为保证数据统计口径的一致性,本研究所有数据均通过中国畜牧业信息网进行采集整理.首先选取去皮带骨猪肉的月度批发价格作为研究变量,记为 $\{P_t\}$ 序列,样本期是2000年2月至2020年10月.同时,在经济和金融领域,对于资产价格的风险波动较多使用对数变动法,通过统计性能优良的价格收益率指标进行分析,故进一步计算了猪肉价格收益率序列,记为 $\{RP_t\}$,具体公式是

$$RP_t = \ln P_t - \ln P_{t-1}. \qquad (4)$$

其中, P_t、P_{t-1} 分别表示第 t 期和第 $t-1$ 期的猪肉批发价格.

借鉴学界分析猪肉价格及其影响因素的已有文献,立足于需求、供给、国家经济环境等多维层面设置可能影响猪肉价格的控制变量,共选取了仔猪、猪饲料、玉米、豆粕、牛肉、羊肉、白条鸡、鸡蛋、居民可支配收入、居民消费价格指

数 10 个变量,经过反复试验和对比分析,最终挑选了仔猪、育肥猪配合饲料、去骨牛肉、鸡蛋 4 个经济指标,并利用(4)式分别计算了其价格收益率,依次记为 $\{RY_t\}$、$\{RF_t\}$、$\{RB_t\}$、$\{RE_t\}$ 序列,其样本区间和数据来源与 $\{RP_t\}$ 序列完全一致.

4.6.2 多变量回归均值模型的创设

根据 GARCH 类模型的构造思想,第一步是最大程度地提取序列的固定信息,为此,本研究对其水平均值方程进行改良,考虑仔猪、猪饲料、牛肉和鸡蛋价格收益率作为影响猪肉价格 RP_t 的自变量,拟合模型之前首先进行检验.

借助 SAS 软件,通过 ADF 和 PP 两种检验方法,对上述 5 个变量进行单位根检验,结果表明,各变量均显著平稳.同时,考察 $\{RP_t\}$ 序列的自相关函数和偏自相关函数,二者都呈现典型的拖尾特征,并且滞后 6、12、18、24 期的 Q 统计量所对应 P 值均远远小于 0.0001,说明该序列存在明显的自相关性,是非平稳序列.平稳性和相关性检验都通过后,对 $\{RP_t\}$ 序列尝试拟合多变量线性模型,考虑到价格传导的延迟性,进一步加入上述变量的 1~2 阶延迟变量,经过数次试验、比较,最终拟合了带有滞后分布项的自回归模型:

$$RP_t = 04713RP_{t-1} + 0.4646RY_t - 0.2358RY_{t-1} + 0.8265RB_t - 0.6963RB_{t-1} +$$
$$0.1629RE_t + 0.0691RE_{t-1} - 0.1448RF_t + \varepsilon_t. \quad (5)$$

对 $\{RP_t\}$ 序列拟合模型(5)式后,剩余残差如图 4.26 所示,残差图和残差平方图直观显示了波动的集群现象和异方差性.再利用 ARCH 统计量进行检验,结果如表 4.15 所示,滞后 1~12 阶的 Q 统计量和 LM 统计量都非常显著,方差非齐特征极其清晰,表明残差平方序列蕴含长期相关关系,可考虑高阶 ARCH 模型或低阶 GARCH 类模型.

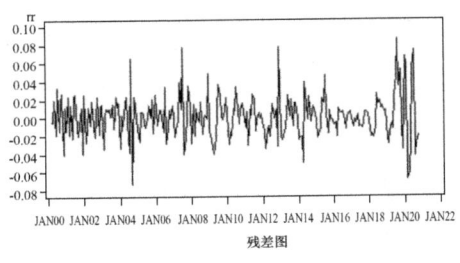
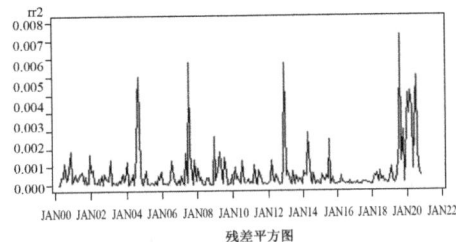

图 4.26 猪肉价格收益率 $\{RP_t\}$ 序列的回归残差

表 4.15 $\{RP_t\}$ 序列回归残差的 ARCH 效应检验

阶数	Q	Pr>Q	LM	Pr>Q
1	33.2044	<0.0001	32.9752	<0.0001
3	47.2436	<0.0001	34.6923	<0.0001
4	49.7436	<0.0001	35.2247	<0.0001
5	58.0746	<0.0001	39.9495	<0.0001
6	69.0117	<0.0001	42.7181	<0.0001
7	70.6056	<0.0001	43.6692	<0.0001
8	73.5284	<0.0001	44.9175	<0.0001
9	73.5377	<0.0001	45.7014	<0.0001
10	73.5486	<0.0001	45.9488	<0.0001
11	77.0982	<0.0001	50.0060	<0.0001
12	77.2236	<0.0001	51.3233	<0.0001

4.6.3 异方差 GARCH 类模型的拟合

（1）GARCH 类模型的估计结果

当对 $\{RP_t\}$ 序列拟合 ARCH 模型时，所得到有效模型的阶数较高，为减少待估参数、提高模型精度，最终选取了 GARCH(1,1) 模型，并剔除了拟合时均值方程中不显著的参数 RE_{t-1}. 众所周知，猪肉价格除了受到国家经济政策、市场环境等宏观因素影响外，养殖户面对风险的心理状态、承受能力等主观行动也会严重影响到价格波动. 当扰动项大于 0 和小于 0 时，分别计算其波动均值，结果显示二者有显著差异，故需要考虑正负扰动信息的对称和均衡问题，经过尝试，拟合了 EGARCH(0,1) 模型. 同时，为判断猪肉价格收益率中的风险溢价效应，进一步构建了 GARCH-M(0,1) 模型，三个模型的参数估计结果如表 4.16 所示. 对拟合上述 GARCH 类模型后的残差序列进行 ARCH 效应检验，结果显示，各统计量的 P 值均不显著，表明异方差性已消除，模型拟合成功.

（2）对估计结果的实证分析

观察条件均值方程可知，影响猪肉价格收益率 RP_t 的因素主要是滞后 1 期的猪肉价格 RP_{t-1}、仔猪价格 RY_t 和 RY_{t-1}、牛肉价格 RB_t 和 RB_{t-1}、鸡蛋价格 RE_t、滞后 1 期的猪饲料价格 RF_{t-1}. 从整体影响力度来看，最强因素是上个月的猪肉价格 RP_{t-1} 和仔猪价格 RY_t，两变量在三个模型中的估计系数均为正值，

表 4.16 GARCH 类模型的参数估计结果

模型 变量		GARCH(1,1)		EGARCH(0,1)		GARCH-M(0,1)	
		系数	P 值	系数	P 值	系数	P 值
条件均值方程	RP_{t-1}	0.4857	<0.0001	0.6280	<0.0001	0.1294	<0.0001
	RY_t	0.4269	<0.0001	0.478^0	<0.0001	0.3537	<0.0001
	RY_{t-1}	-0.2422	<0.0001	-0.3405	<0.0001	—	—
	RB_t	0.7168	<0.0001	—	—	0.5028	<0.0001
	RB_{t-1}	-0.6245	<0.0001	-0.4396	<0.0001	—	—
	RE_t	0.1880	<0.0001	—	—	0.2955	<0.0001
	RF_{t-1}	-0.1843	0.0241	—	—	—	—
	参数 δ	—	—	—	—	-0.1360	0.0544
条件方差方程	λ_0	0.000^2	0.00^{84}	-7.1227	<0.0001	0.0003	<0.0001
	λ_1	0.4304	0.000^4	0.7098	<0.0001	0.6831	<0.0001
	η_1	0.3140	0.0386	—	—	—	—
	参数 θ	—	—	-0.2130	0.0944	—	—
模型可决系数 R^2		0.7778		0.6650		0.7066	

且几乎都高达 0.35 以上,显示了其和猪肉价格 RP_t 之间长期、稳定的正向相关关系;其次是牛肉价格,虽然变量 RB_t 在 EGARCH 模型中、RB_{t-1} 在 GARCH-M 模型中未通过显著性检验,但考察两变量在三个模型中通过检验的其余情形,容易发现,其系数绝对值都大于 0.4,最高值甚至超过了 0.7,说明牛肉对猪肉价格有非常直接的强劲影响,可视为最常用的猪肉替代品;影响最弱的因素是鸡蛋和猪饲料,两变量在 EGARCH 模型中均未通过检验,对于通过检验的系数,其绝对值也相对较小,最大值尚未达到 0.3,影响力很低.

从作用效应方向来看,仔猪、牛肉和鸡蛋价格对同期猪肉价格都有显著的正向影响,说明同一时期内,仔猪作为猪肉供应的储备、牛肉和鸡蛋作为可选的替换食品,其价格随着猪肉价格的波动而同向波动,作用效应显著且同步变化.反观延迟 1 期的仔猪价格 RY_{t-1}、牛肉价格 RB_{t-1} 和猪饲料价格 RF_{t-1},它们在三个模型中的估计系数均为负值,说明这些变量的价格变动反映到市场后,积极促进了市场经济的自我调整,经过信息反馈,必然导致下一期的猪肉价格朝着相反方向进行变动,符合价格波动的负反馈机制.但需要特别强调的是,不同于上述延迟变量的反向影响效应,上个月的猪肉价格 RP_{t-1} 始终对 RP_t 变量保持较强的正影响力,表明猪肉价格序列本身存在不容忽视的波动规律.

从条件方差方程来看,在 GARCH(1,1)模型中,ARCH 项和 GARCH 项都显著非零,表明加入相关控制变量后,猪肉价格收益率 RP_t 序列仍然存在一定的波动聚集性,两项的系数之和 0.7444 小于 1,说明过去价格波动对未来价格的冲击力将会逐渐减弱,直至消失.对于所拟合的指数 EGARCH(0,1)模型,根据表 4.16,$\ln h_t = -7.1227 + 0.7098 g(e_{t-1})$,$g(e_t) = -0.213 e_t + |e_t| - \sqrt{2/\pi}$,计算可得

$$\ln h_t = \begin{cases} -7.689 + 0.5586 e_{t-1}, & e_{t-1} \geq 0; \\ -7.689 - 0.861 e_{t-1}, & e_{t-1} < 0. \end{cases}$$

显然猪肉价格下跌期间的平均波动幅度远大于上升期间的波动,说明绝大多数生猪养殖户和市场经营者都属于风险厌恶型,猪肉价格迅猛下跌时的焦虑,往往会促使其立刻将生猪或猪肉抛售一空,从而引发更大的价格波动.进一步考察 GARCH-M(0,1)模型中的风险溢价效应,参数 δ 所对应统计量的相伴概率值是 0.051,通过了显著性检验,证实了猪肉市场的高风险特征,注意到该估计值 -0.213 小于 0,说明猪肉价格收益率和市场风险水平呈相对微弱的负相关,当条件方差变大时风险增加在预期收益率中不能得到充分体现.

最后,三个模型的可决系数均位于 0.6~0.7,显示了较好的拟合效果,但也表明模型优化仍具备一定的提升空间,再考虑到猪肉价格自身特有的波动依存性,可尝试对猪肉原始价格数据直接拟合 GARCH 类模型.

4.6.4 对原始价格序列拟合 AR-GARCH 模型

直观考察猪肉原始价格 $\{P_t\}$ 的时序图 4.27,序列线性递增趋势非常明显,且平均波动幅度随时间而递增,可尝试创建其关于时间 t 的线性回归模型,并利用 DW 统计量进行自相关检验.结果显示,DW 统计量的值为 0.0625,对应 P 值远远小于 0.0001,残差序列显著正相关.进一步考察残差序列的自相关图,再结合 ARCH 检验显示的典型异方差特征,经过反复试验,最终拟合了 AR(3)-GARCH(1,1)模型,输出结果如表 4.17 所示,由此可写出模型结构式

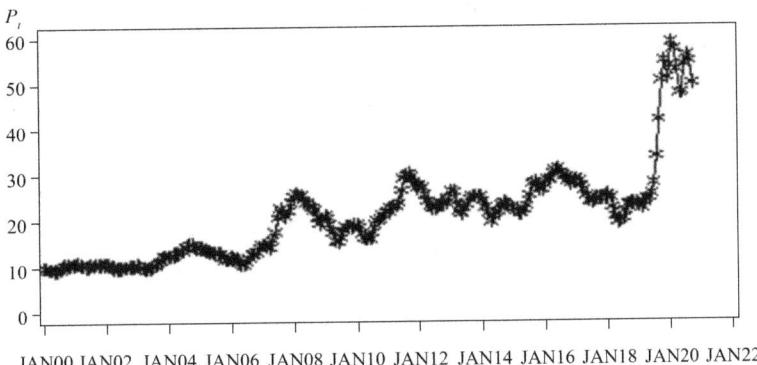

图 4.27 猪肉原始价格 $\{P_t\}$ 序列的时序

$$\begin{cases} x_t = -24.5756+0.0024t+v_t, \\ v_t = 1.7393v_{t-1}-1.0495v_{t-2}+0.2752v_{t-3}+\varepsilon_t, \\ \varepsilon_t = \sqrt{h_t}e_t, \\ h_t = 0.0698+0.5121h_{t-1}+0.4779\varepsilon_{t-1}^2. \end{cases}$$

根据表 4.17 显示的检验结果，模型所有参数均显著有效，且整个模型的可决系数高达 0.9876，拟合效果非常理想。

表 4.17 $\{P_t\}$ 序列的 AR-GARCH 拟合结果

待估参数	自由度	估计值	P 值
常数	1	−24.5756	0.0035
t 的系数	1	0.0024	<0.0001
AR1	1	−1.7393	<0.0001
AR2	1	1.0495	<0.0001
AR3	1	−0.2752	<0.0001
ARCH0	1	0.0698	0.0303
ARCH1	1	0.4779	<0.0001
GARCH1	1	0.5121	<0.0001
$R^2 = 0.9876$		SBC = 590.5427 AIC = 562.3710	正态检验量 69.0079 $P<0.0001$

4.6.5 结论与启示

选取去皮带骨猪肉原始价格 $\{P_t\}$ 序列和收益率 $\{RP_t\}$ 序列作为研究对象，

对于 2000.02—2020.10 期间的样本数据,有效拟合了 AR(3)-GARCH(1,1),以及均值方程为多变量回归模型,条件方差方程分别是 GARCH(1,1)、EGARCH(0,1)、GARCH-M(0,1) 的 GARCH 类模型. 根据实证分析结果,可以明确的结论和政策启示是:

① 猪肉价格具有极其显著的波动聚集性和异方差特征,并且自身的波动规律特别强劲. 总体而言,其最重要的影响因子是上个月的猪肉价格和来自供给层面的仔猪价格. 因此,农业技术部门需要有计划地指导养殖户提高母猪的生产效率,增加产仔量,降低仔猪价格;市场监管部门严格监控仔猪等相关商品价格,加强生猪行业的内部信息沟通,积极了解猪肉价格的周期波动规律;同时,政府部门可加大生猪养殖的政策性扶持力度,以保障生猪生产的稳定供给,从根本上严控猪肉价格波动.

② 从需求层面,相对于鸡肉和羊肉等肉类产品,牛肉和鸡蛋价格对猪肉价格的影响更大,它们之间的替代性、相关性较强. 随着社会经济的快速发展、人们饮食观念的改变,可引导居民形成多样化的肉类消费习惯,有意识地改善肉类消费种类,以缓解和抑制对猪肉的过度需求. 同时,国家可加强对猪肉、牛羊肉等畜类市场的统一管理,从玉米和豆粕等饲料供给到产品销售,从冷藏肉储备到畜类防疫体系,尽可能设置统一的行业管理标准,以维持所有畜类鲜活农产品的价格稳定.

③ 类似于金融市场的一般资产价格,猪肉价格波动亦呈现出非对称性的风险报酬特征,"好消息"和"坏消息"对猪肉市场的作用程度存在一定的差异,坏消息的冲击程度明显大于好消息. 因此,国家应尽快健全猪肉价格预警机制,加快生猪产业的结构调整,提高其产业化经营水平,通过产、供、销的一体化运营模式,提高养猪大户、猪肉批发商和零售商等相关人员的抗风险能力.

延伸阅读　大数据时代统计学专业人才的培养策略

2014年,在厦门大学召开了第五届中国统计学年会,会议主题是"大数据时代下的统计学",首次提出了大数据的时代背景,旨在从宏观、中观、微观不同层面探究大数据背景下统计理论和技术方法的发展变革;同年,西安财经学院和中国统计学会联合举办了"大数据时代统计学科建设与教学改革专家研讨会",重点研究大数据技术应用、云计算、云服务对当前高等统计教育工作的冲击和影响等.国内最高级别和顶尖水平的两次统计学会议,不仅特邀专家、参会学者有一定的交叉,而且都聚焦于同一个中心议题——大数据环境对传统统计学的驱动与影响.

自此,以大数据为主题的各类统计会议逐渐密集,其主旨明确、思路清晰,致力于探究大数据时代背景下统计学专业人才的培养.因此,统计学应密切联系经济学、社会学、工业、农业、金融业、旅游业等诸多领域,以大数据分析的思想方法和技术创新为引领,以国家普通高等学校本科专业评估和一流本科专业建设"双万计划"为契机,科学规划复合型、应用型和创新型专业人才的培养策略.

1　适应新工科建设需求,创设产学研用四位一体的"12345"育人模式

依据教育部最新颁布的统计学类教学质量国家标准,对接行业企业的用人标准和经济社会发展需求,以产出导向为纲,坚持"德育优先、能力为主、实

践取向、协同育人、创新驱动、全面发展"的基本原则,构建了"一个目标、两个维度、三个层面、四个主体、五条途径"的应用统计学人才培养模式,其结构体系如图1所示.

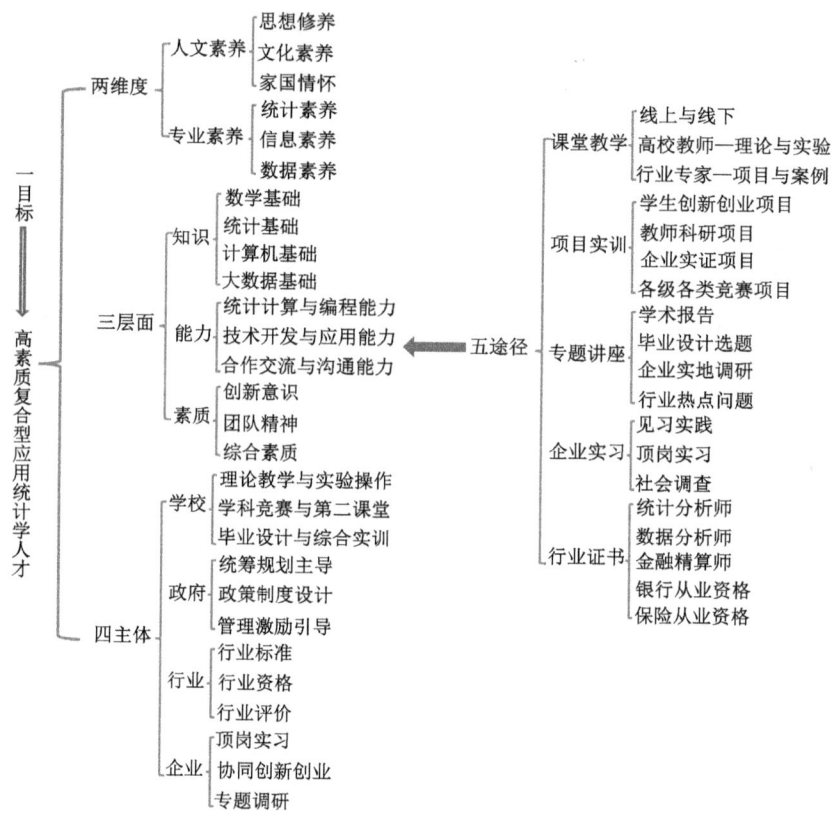

图 1　应用统计学"12345"人才培养模式结构体系

1.1　围绕专业定位,科学设定人才培养目标

基于新工科"时代特征鲜明、内涵新颖丰富、多学科交融、多主体协同、多领域渗透"的规划思路,合理界定当前应用统计学应紧密结合大数据的专业背景,明确其培养目标是具有家国情怀、扎实学识、知识面宽、实践能力强、创新能力强、适应能力强的高素质复合型应用人才.

1.2　以通识教育和专业教育为两翼,促进人文素养与专业素养的同步发展

大数据时代的统计学人才,不仅需要强化提升道德修养、文化素养的通识课程教育,更要着眼于以统计素养为核心、以信息素养和数据素养为根本的专

业素养.当前,体量巨大、类型繁杂、频率超高、时效性极强的大数据统计分析,其数据的采集存储、清洗导入、挖掘分析、预测应用等,需要综合考查学生使用基础理论知识和技术方法批判性地思考、解决实际问题的统计分析能力,考察其对有价值信息进行高效检索、合理论证、辩证评价的信息决策能力,以及准确定位数据、适当表征数据、基于问题情境解释数据的数据驾驭能力,统计素养、信息素养、数据素养是大数据背景下统计人才不可或缺的专业素养.

1.3 以数学、统计学、数据科学为根本,坚持知识、能力、素质的协调发展

在"厚基础、宽口径、重应用、求创新"的工程教育理念下,依托数学、计算机、统计学基础,聚焦于大数据最新发展趋势,系统构建兼具前沿性和互动性的研究型教学模式,扩大课程设置的专业性和综合性,有计划地建设数据分析实验室、虚拟仿真实验室、省级教学平台、省级质量工程项目等,通过多学科的深度交融,达成学生知识、能力、素质协调发展的终极目标.

1.4 科学实施校政行企的多方联动,落实理论与实践、基础与应用的有效对接

遵循"行业指导、企业参与、分类实施、形式多样"的原则,注重产出导向,实行全方位开放办学,整合校内外优势资源,学校、地方政府、相关行业、本地知名企业协同制订人才培养方案,协同组建教学团队,协同建设课程体系,协同实施培养过程,协同评价人才培养质量,广泛促进专业发展和产业需求、课程内容和职业标准、教学过程和行业现实的三重实践对接.

1.5 通过产教融合、科教融合,多渠道、多途径达成产学研用的四位一体

围绕课堂内外、学校内外坚持产教融合和科教融合,鼓励学生利用节假日和第二课堂,有计划、有步骤地开展全程化实践活动,协调实习和就业基地构建全方位深融合的项目化实践机制,充分发挥课内实验实训环节的示范引领作用,以及学生创新创业训练、职业岗位技能达标、各级各类专业竞赛等课外环节的实战激励价值,形成稳定、互惠共赢的产学研用一体化合作体系.

2 积极推进闭环式课程体系改革,凸显大数据的时代特色

2.1 建设模块化核心课程群,强调统计类、计算机类、创新创业课程的大数据特征

依据"平台+模块"的课程结构,设置通识教育课程、专业核心课程、创新创业课程,其中专业核心课程具体包括数学类、统计学类、计算机类等模块,各模块由 3~7 门主干课程组成,创新创业课程主要包括职业生涯规划与职业素质、创新创业基础与就业指导、统计学学科前沿等.

为克服传统教学中专业课程教学知识点分散、教学目标不清晰、教学内容不连贯、理论与技术方法陈旧等不足,大数据驱动下的统计学教学采取耦合式设计课程内容,针对应用需求重构系列相关课程的教学节点,以其作为最小的教学单元,结合实际案例和真实项目,再对各教学单元进行耦合,从而挖掘出不同课程教学内容之间的本质联系.比如,时间序列分析、回归分析、计量经济学等教学中,其样本数据的来源、预处理等可与数据挖掘、抽样调查等相关内容进行深度耦合.再如,对统计软件 SAS、SPSS、Eviews 的学习和应用,可与计算机 C 语言、C++、Java 语言,以及数据科学常用的 R 语言、Python 语言进行耦合,尤其是在创新创业实践项目中,需要综合引入数据可视化处理、云计算、分布式处理、数据存储与预测分析等技术.另外,面向大一新生的统计学专业导论,更要充分结合当前的大数据爆炸特征,以拓宽学生的专业认知.

2.2 创设线上灵活、线下多样化的教学方式,打造大数据智慧教育平台

长期以来,统计课教学始终存在着教学形式单一、教学内容重理论轻实践、实习实训重验证型模仿实验轻实战型创新实验等问题,大数据时代教育教学资源星罗棋布、层出不穷,学生的行为方式和学习习惯已悄然改变,应接不暇的互联网信息、新媒体技术引领学生渴求更开放多元的学习方式.线上课堂要灵活调用演示文稿、软件操作、视频录音、电子白板等教学资源,尽可能启用自主探究空间大、合作氛围宽松的学习环境,打造精品翻转课堂和微课程.同

时,积极推行"互联网+"教学,校内加快优质专业课的慕课建设,联合企业、行业共同开发行业课程,探索线上线下紧密结合的合作教学模式,校外大力引入名校名师 MOOC 资源,营造品牌化网络学习空间,达到学生随时随地自由利用数据资源,更便利快捷地发现问题、提出问题、解决问题和反馈问题.

借助大数据智慧教育平台,还可以推广微学分课程,加大选修课程的范围和分量,以科学合理的学分认证、积累、转换为管理机制,鼓励学生根据个人兴趣、职业设计、社会需求,实行个性化选课,灵活规划职业方向. 同时,构建全员全过程全方位的课程思政育人格局,梳理通识课程中蕴含的专业元素,专业课程承载的思想政治教育功能,特别强调全部课程所融入的大数据信息和时代特征,通过课堂教学的各具体环节实现人文修养与知识教育的有机统一.

2.3 依托数据信息,实现动态化、过程性考核评价

与日常考勤、课堂观察、作业分析、考试考查等传统方式相比,对于大数据时代的统计专业课进行评价考核,可借助互联网数据挖掘技术,围绕课业基本信息、作业创新度、网络课程资源学习、调研搜集信息、知识利用程度、相关项目参与度等维度,基于数据和证据对学生的三大素养——信息素养、数据素养、统计素养进行全程考核,切实达到定性和定量评价的科学统一. 需要强调的是,这种动态化考核评价数据,本身就累积形成了一个教育信息数据库,以项目形式进行延展,可作为学生的固定训练实践题目、专业实习题目、毕业论文选题.

对于实践性较强的课程,也可以实施达标制,通过课程设计、读书报告、结业论文,甚至口试、动手操作等灵活多样的评价机制,强化能力,淡化分数. 同时,各专业课程可结合具体教学目标、教学内容,引入行业、企业等校外第三方的评价,明确行业资格证书、职业资格证书、专业水平证书、获奖项目等,可作为相应课程的考核成绩,以突破单一的校内考试模式.

3 适应经济发展新常态,凸显服务区域建设的地方特色

中国经济已进入新常态,统计学人才培养应积极搭建高水平产教研融合

平台,主动对接经济社会发展需求,以服务地方区域经济和社会发展为宗旨,紧跟省内外相关大数据产业的发展趋势.地方高等师范院校下设的应用统计学专业,应该依托校本师范特色,可以联合所在省的教育大数据研究院,创建基于特色行业背景互利的校企合作.同时,应用统计学专业可以密切联合学校的国家级一流专业、特色专业,如旅游管理专业,协同创设本省乃至全国的旅游公共服务大数据产业技术研究院,双方共同构建基于学校优势学科的专业合作机制.此外,根据学校的地理位置和优势属性,学校可配合所在省份政府部门联合创建国家大数据综合试验区,构建基于区域发展共赢的校地合作机制,常态化落实校企合作、校校合作、校地合作、专业合作,最终通过应用统计学专业与学校相关专业建设、本省教育发展、地方经济发展的深度融合,达成互惠互赢的良好局势.

统计学"12345"的专业人才培养模式,旨在通过产教融合、教研一体化驱动专业发展,通过理论研究和实践教学的有机结合引领科技创新,根据新工科对应用型复合人才的素质要求,应进一步优化人才培养方案,设立专业主干课程与实训拓展课程的交融平台,全面培养学生的专业能力、职业适应能力和创业创新能力.同时,高等院校应继续与政府统计局、证券交易所、银行、保险公司、企业信息中心、相关大数据产业园等社会力量密切联合,整合优质教育资源,加强实践实训基地建设,确保实习质量和效果,达成能力培养与市场需求、个性发展需求的无缝对接.

参考文献

[1] 朝乐门.数据科学[M].北京:清华大学出版社,2016.

[2] 陈善林,张浙.统计发展史[M].上海:立信会计图书用品社,1987.

[3] 陈希孺.数理统计学简史[M].长沙:湖南教育出版社,2002.

[4] 窦雪霞.历史视野下的统计学内涵思想分歧探讨[J].重庆科技学院学报(社会科学版),2010,5:79-81.

[5] 郭栋,成瑶.统计学复合型人才培养创新平台研究:以中国人民大学为例[J].统计与信息论坛,2018,33(11):125-128.

[6] 郝丽,刘乐平,刘骏豪.统计历史的发展与统计科学的智慧[J].统计与信息论坛,2017,32(11):118-126.

[7] 塔巴克.概率论和统计学:不明确的科学(数学之旅)[M].杨静,译.北京:商务印书馆,2007.

[8] 李金昌.数据之妙[J].统计科学与实践,2022(05):62.

[9] 李金昌.神奇的正态分布[J].中国统计,2020(09):28-30.

[10] 李金昌.说文解字"统"与"计"[J].中国统计,2020(01):33-35.

[11] 李金昌.为什么说统计学既是科学也是艺术[J].中国统计,2018(11):14-16.

[12] 李金昌.从政治算术到大数据分析[J].统计研究,2014,31(11):3-14.

[13] 李亚杰,陈樱.爱上统计学那些有趣的科普书籍[J].中国统计,2013(09):18-21.

[14] 林鸿洲,邹懿玉.统计理论的产生与发展:国内外关于统计学史阶段划分

的综述与己见[J].青岛海洋大学学报(社会科学版),1995(02):30-35.

[15] 刘磊.从数据科学到第四范式:大数据研究的科学渊源[J].广告大观(理论版),2016(02):44-52.

[16] 罗博炜,洪智勇,王劲屹.多元线性回归统计模型在房价预测中的应用[J].计算机时代,2020(06):51-54.

[17] 莫里斯·克莱因.西方文化中的数学[M].张祖贵,译.上海:复旦大学出版社,2004.

[18] 聂淑媛.中国猪肉价格波动的实证分析:基于GARCH类模型[J].统计理论与实践,2022(07):59-64.

[19] 聂淑媛,吕廷勤.基于数据科学的应用统计学专业建设[J].教书育人(高教论坛),2022(33):90-93.

[20] 聂淑媛.数学教师MPCK发展的实证研究[J].大学教育,2021(08):157-160.

[21] 聂淑媛.基于频谱分析的CPI传导机制研究[J].统计与决策,2020,36(17):115-119.

[22] 聂淑媛.时间序列分析发展简史[M].北京:科学出版社,2019.

[23] 聂淑媛.基于X-12-ARIMA和AR-GARCH模型的房价波动研究[J].河南师范大学学报(自然科学版),2016,44(4):39-44.

[24] 聂淑媛.诠释大数据时代统计学的科普读物[J].中国统计,2016(04):19-21.

[25] 聂淑媛.房价与地价、居民消费互动关系的实证研究:基于SEM模型的分析[J].经济视角,2016(04):17-25.

[26] 聂淑媛,谈发.基于聚类分析和判别分析的学业质量评价研究[J].吉林省教育学院学报(上旬),2015,31(02):88-90.

[27] 聂淑媛.统计学历史上的经典数据挖掘案例[J].中国统计,2014(10):22-23.

[28] 聂淑媛.房地产价格指数与居民消费水平的动态回归分析[J].河南师范

大学学报(自然科学版),2013,41(06):30-33.

[29] 彭道宾.浅谈春秋战国时期的统计分析[J].统计与预测,1999(01):53-55+13.

[30] 任瑞芳,徐传胜.许宝騄:中国概率论与数理统计的先驱[J].科学,2007,59(05):53-56+4.

[31] 孙彩云,刘翔宇.基于动态组合模型对河北省人均GDP的预测研究[J].数理统计与管理,2022,41(02):254-263.

[32] 孙坚强,崔小梅,蔡玉梅.PPI和CPI的非线性传导:产业链与价格预期机制[J].经济研究,2016,51(10):54-68.

[33] 孙欣,尹彪.大数据时代背景下统计学学科的应对[J].统计与决策,2017(06):2+189.

[34] 谈发,聂淑媛,张之正.基于MPCK视角的职前数学教师专业发展研究[J].教育理论与实践,2020,40(17):35-38.

[35] 谈发.统计学家费歇尔创建方差概念的历史探析[J].中国统计,2019(01):45-46.

[36] 王倩倩,卫龙宝,王文亭.基于GARCH类模型中国原料奶价格波动实证分析[J].农业经济问题,2020(11):97-107.

[37] 吴文俊.世界著名数学家传记(上,下集)[M].北京:科学出版社,1995.

[38] 熊涛.我国猪肉价格的影响因素是时变的吗?:基于动态模型平均的分析与预测[J].华中农业大学学报(社会科学版),2021(03):63-73+186.

[39] 徐传胜.圣彼得堡数学学派研究[M].北京:科学出版社,2016.

[40] 徐传胜.历史上的平均数、中位数和众数[J].中学生数理化(八年级数学),2016(05):30-32.

[41] 徐传胜.数据分析的源头[J].中学生数理化(七年级数学),2015(06):12-13.

[42] 徐传胜.数据分析的早期探索[J].中学生数理化(八年级数学),2015

（05）：6-7.

[43] 徐传胜,郭政.数理统计学的发展历程[J].高等数学研究,2007(01)：121-125.

[44] 徐传胜.概率论简史[J].数学通报,2004(10)：36-39.

[45] 于忠义.高尔顿发现相关与回归的历史回顾与反思[J].统计与信息论坛,2009,24(9)：17-25.

[46] 闫娜娜.我国房价与消费关系的异质性研究：基于居民收入不平衡和地区间房价差异的视角[D].太原：山西财经大学,2021.

[47] 袁卫.机遇与挑战：写在统计学成为一级学科之际[J].统计研究,2011,28(11)：3-10.

[48] 张成思.长期均衡、价格倒逼与货币驱动：我国上中下游价格传导机制研究[J].经济研究,2010,45(06)：42-52.

[49] 张京楣.基于统计方法的文本风格分析研究[D].济南：山东大学,2012.

[50] 章志敏.统计学简史[J].枣庄师专学报,2000(05)：5-6+13.

[51] 赵彦云.从政府统计到政府大数据统计[N].中国社会科学报,2017-01-04(004).

[52] 赵彦云.加速开拓统计学的应用价值：中国统计教育回顾与展望[J].统计与信息论坛,2016,31(06)：3-6.